Luis Rojas Marcos (1943) nació en Sevilla y, recién licenciado en Medicina, emigró a Nueva York, donde reside
desde entonces y se dedica a la medicina, la psiquiatría y la
salud pública. En 1992 fue nombrado jefe de los Servicios
de Salud Mental, Alcoholismo y Drogodependencias del
municipio neoyorquino. Desde 1995 hasta febrero de 2002
dirigió el Sistema de Sanidad y Hospitales Públicos de la
misma ciudad. En la actualidad es profesor de Psiquiatría
de la Universidad de Nueva York y *chief executive officer*
(CEO) de Physicians Affiliate Group of New York. Es también miembro de la Academia de Medicina de la misma ciudad, de la Asociación Americana de Psiquiatría (miembro
distinguido vitalicio) y de la Academia Americana de Medicina Paliativa. En España ha sido patrono de la Fundación
"la Caixa" y es patrono de honor de la Fundación ADANA
(Ayuda Déficit Atención Niños, Adolescentes y Adultos) y
asesora y apoya a instituciones dedicadas a temas sociales
y de salud pública. En 2010 el Gobierno español le con-
cedió la Medalla de la Orden de las Artes y las Letras, y
en 2013 la Universidad Ramon Llull le otorgó el título de
doctor *honoris causa*. Es autor de numerosos artículos
de opinión y de varios libros, entre los que destacan *Las semillas de la violencia* (Premio Espasa Ensayo 1995), *Nuestra incierta vida normal, La fuerza del optimismo, Convivir, Somos lo que hablamos, Optimismo y salud y Secretos
de la felicidad.*

Para más información, visita la página web del autor:
www.luisrojasmarcos.com

LUIS ROJAS MARCOS

Optimismo y salud

**Lo que la ciencia sabe de los
beneficios del pensamiento positivo**

DEBOLS!LLO

Papel certificado por el Forest Stewardship Council®

MIXTO
Papel procedente de
fuentes responsables
FSC® C117695

Penguin
Random House
Grupo Editorial

Primera edición en esta colección: septiembre de 2022

© 2020, Luis Rojas Marcos
© 2020, 2022, Penguin Random House Grupo Editorial, S. A. U.
Travessera de Gràcia, 47-49. 08021 Barcelona
Diseño de la cubierta: Penguin Random House Grupo Editorial / Begoña Berruezo
Imagen de la cubierta: © Getty Images

Printed in Spain – Impreso en España

ISBN: 978-84-663-6113-2
Depósito legal: B-11.684-2022

Compuesto en Pleca Digital, S. L. U.

Impreso en Novoprint
Sant Andreu de la Barca (Barcelona)

P 3 6 1 1 3 A

Índice

1

Optimismo: vacuna contra la desesperanza

A lo largo de los años, tanto en mi vida personal como en mi trabajo en el mundo de la medicina, la psiquiatría y la salud pública, he tenido oportunidad de confirmar, en incontables ocasiones, que nuestra forma de percibir e interpretar las situaciones que nos plantea la vida ejerce un inmenso poder sobre nuestras emociones, juicios, decisiones y conductas.

Estudiar a fondo la relación entre nuestra perspectiva más o menos positiva de las cosas y la satisfacción con la vida en general ha sido siempre una de mis prioridades. Por eso, hace unas tres décadas me incorporé al grupo de profesionales de la medicina que, más allá del tradicional tratamiento de enfermedades, se volcaron en investigar los rasgos de la personalidad y las actividades que fomentan y protegen la salud en su más amplio sentido: el estado de completo bienestar físico, psicológico y social, y no solamente la ausencia de afecciones o enfermedades.*

* En 1946, el médico croata Andrija Štampar y el diplomático chino Szeming Sze persuadieron a la Organización Mundial de la Salud para que adoptara esta definición de salud como parte de la Constitución firmada el 22 de julio de ese mismo año.

Esta nueva medicina de la calidad de vida comenzó a manifestarse en la promoción de actividades físicas estimulantes en los años noventa del siglo pasado. Su objetivo no consistía solo en fortalecer nuestro sistema inmunológico y prevenir dolencias cardíacas o metabólicas; también se orientaba a aumentar la resistencia al estrés e inducir estados de ánimo positivos derivados del ejercicio físico.*

Pero, además, la medicina de la calidad de vida tuvo ejemplos memorables en campos como la farmacología, empezando por la píldora anticonceptiva, que cambió la vida de millones de mujeres en todo el mundo. Comercializada en 1960, esta combinación de estrógeno y progesterona no cura ninguna enfermedad, pero liberó a la mitad de la humanidad al poner en sus manos la crucial decisión sobre la maternidad. Y tampoco olvidemos esas pequeñas tabletas azules, compuestas de sildenafilo, conocidas como Viagra, que restauran el vigor sexual en muchos hombres afligidos por el estrés, la diabetes u otras dolencias metabólicas.

Al igual que sus colegas médicos, los especialistas en salud mental se volcaron desde el principio en hallar formas de mitigar los síntomas que arruinaban la vida de los enfermos mentales, y a menudo también la de sus familiares. Era una misión que no resultaba nada fácil, pues el estudio del funcionamiento del cerebro siempre ha planteado un enorme desafío. Además, los aspectos positivos de la mente humana se habían ignorado hasta entonces,

* Véase J. N. Morris, «Exercise, health, and medicine», 1983.

porque tanto la psicología como la psiquiatría estuvieron influenciadas desde sus comienzos por el fatalismo filosófico.* Sin embargo, a principios de este siglo, un grupo creciente de psiquiatras y psicólogos fue más allá de las dolencias emocionales, para investigar los rasgos de la personalidad que contribuyen al bienestar emocional y la satisfacción con la vida de las personas. Hoy está sólidamente establecida la asignatura Psicología Positiva.**

Profundizar e invertir en las cualidades naturales de las personas para ver la vida desde una perspectiva positiva y esperanzadora no debe interpretarse como una forma de infravalorar o ignorar los aspectos negativos y dolorosos de nuestra existencia. Se trata más bien de reconocer que, para vivir una vida saludable y completa, no basta con curar los males que nos aquejan; es igualmente importante conocer y fortificar los aspectos favorables de nuestra naturaleza, que nos ayudan a motivarnos para superar los retos que nos plantea la vida y alcanzar nuestras metas.

A nivel personal, permitidme que comparta brevemente un ejemplo que viví en primera persona durante mi infancia y adolescencia. Desde los siete años mi adaptación al mundo que me tocó vivir fue bastante turbulenta. La hipe-

---

* En una revisión electrónica de las revistas de psicología más prestigiosas entre 1967 y 1998, David Myers encontró 101.004 artículos sobre depresión, ansiedad o violencia, pero solamente 4.707 sobre alegría, amor o felicidad.

** En el 2000 varias facultades de Psicología estadounidenses, alentadas por el profesor de la Universidad de Pensilvania Martin E. P. Seligman, formalizaron la asignatura de Psicología Positiva.

ractividad, la curiosidad insaciable, la atracción por las aventuras y el hecho de que cualquier mosca podía cautivar mi atención me conducían con regularidad a fracasos escolares y situaciones arriesgadas que preocupaban a mis padres y a mis maestros. Recuerdo hacerme interiormente la pregunta «¿Y quién demonios soy yo?». Las repuestas reflejaban los calificativos que los adultos más cercanos solían utilizar para describirme: «Un niño travieso que no para quieto», «más malo que la quina», «un rabo de lagartija». En mi pequeño mundo de entonces, la impotencia para regular mi bullicioso temperamento se traducía en fallidos propósitos de enmienda.

Mi madre, siempre comprensiva y a quien a veces incluso mis diabluras le hacían gracia, había bautizado mi hiperactividad con el nombre inventado de *furbuchi*. Me convenció muy pronto de que contenía una buena dosis de creatividad, por lo que el quid de la cuestión estaba en saber encauzarla. En ese sentido, fomentó en mí la ilusión por la música, lo que se convirtió en un protector muy eficaz de mi autoestima.

Sin embargo, mi perpetuo estado de marcha y distracción me robaban una gran parte de la concentración necesaria para asimilar las materias escolares. Los tropiezos colegiales culminaron a los catorce años, en cuarto de bachillerato, curso que suspendí sin remedio y precipitó mi salida del colegio.

Pasé un año dando bandazos «por libre» en varias academias. Mis padres comenzaron a pensar que, con vistas al futuro, quizá lo mejor para mí podía ser aprender algún idioma u oficio que no requiriese el bachillerato. Como última oportunidad, decidieron matricularme en un instituto conocido por aceptar a muchachos «cateados» de otros centros de enseñanza. Este nuevo reto, sin embargo, abrió inesperadamente un esperanzador capítulo en mi vida.

La protagonista fue doña Lolina, la temida directora del colegio. De mirada expresiva y penetrante, doña Lolina era una mujer seria, fuerte, perceptiva y, sobre todo, experta en la vida y milagros de adolescentes problemáticos. La primera orden que me dio fue que en el aula me sentara en la primera fila —hasta entonces mi sitio, preferido por mí y por mis maestros, siempre había sido la última—, y cuando intuía que tenía dificultad con alguna asignatura, me animaba a que hablase con el profesor y negociara amistosamente la solución con él. Estoy convencido de que ella antes, sin decírmelo, había preparado el terreno.

Con la confianza y mi motivación estimuladas por el nuevo y receptivo ambiente escolar, a los quince años comencé a practicar lo que en psicología se conoce como «funciones ejecutivas». Por ejemplo, aplicar el freno a la impulsividad, controlar en lo posible mi comportamiento y fijarme algunos objetivos alcanzables. Recuerdo que en este tiempo descubrí los beneficios de conversar conmigo mismo. Estos diálogos y debates íntimos me ayudaban a analizar y explicarme de forma positiva los sucesos que me afectaban. También me sirvieron para montar estrategias que me facilitaban el aprendizaje. Por ejemplo, advertí la utilidad de dividir la materia en partes, hacer esquemas y resúmenes, y estudiar en lugares sin moscas, ni vistas ni música que me distrajesen. Al mismo tiempo acepté que, a la hora de estudiar ciertas asignaturas, tenía que ajustarme a mi propio ritmo de aprendizaje. Yo necesitaba hora y pico para retener una fórmula química o una lección de historia que mis compañeros de clase absorbían en media hora. Aprendí que cuando hay obstáculos en el camino la distancia más corta entre dos puntos puede ser la línea curva. Igualmente, noté que mi autoestima era muy sensible a «sentirme eficaz». Por ejemplo, marcaba más grados cuando veía que mis esfuerzos me llevaban a alcanzar alguna meta que me había fijado, aunque fuese muy modesta. Poco a poco este cambio positivo se fue incorporando a las opiniones que los demás tenían de mí; opiniones que, a su vez, se reflejaban en mi confianza. Puedo deciros que a los diecisiete años empecé a reconducir poco a poco mi vida por un camino más seguro y despejado.

En 1968, con veinticuatro años y recién licenciado en medicina, marché apresuradamente a Nueva York. Si bien el motivo oficial de mi viaje fue especializarme en Psiquiatría, en realidad buscaba nuevos horizontes y oportunidades que me apasionaran. En la primavera de 1972, trabajando de médico residente en Psiquiatría en el Hospital Bellevue de Nueva York, seguía el curso que impartía la doctora Stella Chess, especialista en psiquiatría infantil, sobre «El trastorno por hiperactividad de la infancia». Para Chess y unos pocos expertos de su tiempo, el exceso de actividad, la fácil distracción y la impulsividad en los niños eran problemas biológicos infantiles que respondían a una alteración del funcionamiento de las zonas cerebrales encargadas de regular la energía física. Un dato esperanzador era que un buen número de estos niños y niñas con el tiempo maduraban y minimizaban sus dificultades. Aquella reveladora clase de Stella Chess despertó en mí la idea de que quizá mi carácter inquieto de niño fuese debido a este trastorno médico.

Sea como fuere, hoy estoy convencido de que la moraleja de las experiencias personales que os he confiado es la misma que apunta un antiguo proverbio chino al advertir que «en el corazón de las crisis se esconde una oportunidad», y que aquellos que la encuentran gozan de abundantes beneficios. Sin duda, entre las lecciones que tuve la suerte de aprender en mi lucha por superar las adversidades de la infancia y la adolescencia, además de la importancia de contar con el apoyo de otras personas, incluyo la lucha esperanzada y la confianza en lograr un día dirigir el rumbo de nuestra vida.

Trabajando en el terreno de las enfermedades aprendí muy pronto que el pensamiento esperanzador posee un inmenso poder reparador, y que abunda entre las personas mucho más de lo que nos imaginamos. Una experiencia personal que llevo grabada en mi memoria se remonta a una mañana nublada de febrero de 1996. Recuerdo que paseaba yo nervioso, arriba y abajo, por mi despacho del Sistema de Hospitales Públicos de Nueva York, que dirigía desde hacía solo seis meses. Las finanzas municipales eran precarias y llevaba unos días muy preocupado por la posibilidad de que tuviéramos que cerrar varios ambulatorios de la ciudad. Para distraerme y aliviar el desasosiego se me ocurrió hacer una visita sorpresa a uno de los hospitales. Sé por experiencia que el personal y los pacientes las agradecen, y aprovechan para airear espontáneamente sus quejas y satisfacciones.

Sin pensarlo mucho más, me dirigí al hospital Coler Memorial, ubicado en la pequeña isla Roosevelt, en la bifurcación del río Hudson que separa los barrios de Manhattan y Queens. Con mil y pico camas, era uno de los mayores hospitales públicos dedicado al cuidado y rehabilitación de pacientes crónicos, en su mayoría afligidos por enfermedades degenerativas neurológicas o lesiones cerebrales graves. Fui directamente al despacho de Sam Lehrfeld, el cordial y competente director ejecutivo desde hacía más de una década. Después de saludarnos, le dije a Sam que quería darme una vuelta yo solo por la segunda planta, recién reformada, en la que se encontraban internados pacientes tetrapléjicos, paralizados de barbilla para abajo, que requieren atenciones continuadas y respiración asistida.

El olorcillo a desinfectante típico de los hospitales me invadió nada más entrar en la unidad. El sonido rítmico de los respiradores artificiales, que día y noche inyectan y extraen el aire de los pulmones de pacientes que han perdido la capacidad de respirar por sí mismos, resonaba en el ambiente. Me identifiqué ante la enfermera encargada y le expliqué que quería saludar a algún paciente. Acto seguido entré al azar en una de las habitaciones.

Un hombre de aspecto joven yacía medio recostado en una cama respirando trabajosamente. Inmóvil de brazos y piernas, tenía la cabeza sujeta por unos soportes forrados de gasa y los ojos muy abiertos y fijos en las imágenes de una película que se proyectaba en la pantalla de un pequeño televisor colgado frente a él. Noté que tenía una traqueotomía —abertura que se hace de manera artificial en la tráquea para facilitar la respiración— cubierta con un tapón. Al lado de la mesilla de noche había un respirador automático en punto muerto.

Cuando oyó mis «buenos días», giró los ojos hacia mí, me echó una mirada penetrante y sonrió. Me presenté y le dije que, si no tenía inconveniente, me gustaría saber cuál era el motivo de su hospitalización y su opinión sobre los cuidados que recibía del personal. Hablando con dificultad en un lenguaje entrecortado, con tono grave y áspero pero comprensible, me dijo que se llamaba Robert, tenía cuarenta y seis años, era ingeniero de profesión y llevaba algo más de cinco años ingresado a causa del grave accidente de trabajo que había sufrido mientras inspeccionaba una obra. Me explicó que se lesionó la médula espinal a nivel cervical y, como consecuencia, había quedado paralítico. Robert estaba casado y tenía un hijo de diez años y una hija de ocho. En cuanto a su evaluación del hospital, elogió el trato que recibía y se mostró animado al contarme que en los últimos tres meses había conseguido, con mucho esfuerzo, respirar por su cuenta durante casi dos horas al día.

Robert me comentó que era consciente de la alta probabilidad que tenía de permanecer paralizado el resto de sus días. Sin embargo, no dudó en añadir que en el pasado había superado retos duros, como la muerte de su padre, con quien estaba emocionalmente muy unido, cuando él solo contaba quince años, y las consiguientes dificultades económicas. Por otra parte, se sentía muy animado porque había logrado ir controlando poco a poco su programa cotidiano en el hospital. Estos logros le hacían pensar que quizá en el futuro también vencería su invalidez, por lo menos hasta el punto de poder vivir en casa con su familia. Le pregunté cómo era su día a día en el hospital y me contestó que bastante mejor de lo que en un principio había anticipado. Se había hecho «adicto» —me dijo— a varias series de televisión, y siempre esperaba con buen apetito la hora de la comida; disfrutaba de las buenas relaciones de amistad que había forjado con algunas enfermeras y fisioterapeutas del centro, y, sobre todo, se sentía feliz cuando le visitaban sus hijos y su mujer.

Fascinado por la actitud positiva de Robert, en un momento de la conversación se me ocurrió preguntarle cuál era su nivel de satisfacción con la vida en general y le pedí que lo puntuara del 0 (muy desgraciado) al 10 (muy dichoso). Después de una breve reflexión, me respondió sonriente y con seguridad que «un ocho». El notable me sorprendió. A continuación, le pregunté qué número se hubiera dado antes del accidente. Casi sin vacilar contestó: «Yo diría que un ocho y medio, más o menos». «¿Solo medio punto más?», exclamé en un reflejo de incredulidad. «Querido doctor —replicó Robert pausadamente como para tranquilizarme—, aunque le parezca mentira, me considero un hombre con suerte. He sobrevivido a un terrible percance y mantengo intactas mis facultades mentales. De hecho, desde el accidente mi vida ha adquirido un significado más profundo. Creo que, de alguna forma, me he convertido en mejor persona. Soy más comprensivo con los demás, aprecio mucho más las cosas pequeñas que antes consideraba triviales... Quién sabe, quizá un día pueda ayudar a superar este problema a otras personas que, como yo, han visto su destino torcerse de repente.»

Sin decir nada, puse mi mano en su hombro y le miré intensamente, buscando en su expresión algo que justificara mi escepticismo. Lo único que percibí fue el fulgor del optimismo brillar en sus ojos.

Además de incontables experiencias personales, no tengo la menor duda de que las secuelas psicológicas del ataque terrorista sufrido por la ciudad de Nueva York el 11 de septiembre de 2001 contribuyeron en gran medida a prender en mi mente la llama de la curiosidad por estudiar a fondo los efectos preventivos y terapéuticos de la perspectiva optimista a la hora de superar los sentimientos angustiosos de incertidumbre y proteger el sentido de futuro de las personas.

Unos años después, en 2005, la editorial Aguilar publicó mi libro *La fuerza del optimismo,* dedicado a quienes están abiertos a la idea de que la dicha y la desdicha no dependen tanto de los avatares de la vida como del significado que les damos. En ese ensayo hice un repaso selectivo de la borrosa historia del pensamiento positivo, destaqué la mala prensa que ha tenido entre pensadores eruditos y profanos, y examiné los estudios iniciales que sugieren su utilidad a la hora de hacer frente y superar los desafíos que nos plantea la vida.

Mi objetivo en este libro, queridos lectores y lectoras, es actualizar y ampliar el tema de la perspectiva optimista a la luz de las numerosas investigaciones realizadas en los últimos quince años sobre sus raíces, ingredientes y beneficios para el bienestar físico, psicológico y social de las personas.

A principios del 2020, precisamente cuando estaba inmerso en este proyecto, el mundo fue azotado por la devastadora pandemia provocada por el coronavirus, el tristemente célebre COVID-19. La inesperada plaga nos impuso —y aun nos impone— una nueva vida «normal», caracterizada por la incertidumbre y la vulnerabilidad. Cada día, nada más abrir los ojos, sufrimos un bombardeo de estremecedoras noticias sobre las muertes causadas por el coronavirus, un enemigo invisible que sacude nuestra perspectiva sobre el porvenir.

La devastadora pandemia del COVID-19, con sus múltiples secuelas, se ha ensañado con nuestro sentido de futuro, profundamente arraigado en los seres humanos. Desde pequeños, en cada momento y sin darnos cuenta, pensamos con ilusión y convencimiento sobre lo que vamos a hacer más tarde, mañana, el mes que viene o dentro de varios años. Reflexionamos sobre cómo será nuestra vida y la de nuestros seres queridos en tiempos venideros. Por eso, cuando nos sentimos incapaces de anticipar el porvenir nos invade la incertidumbre, que agrieta el cimiento vital de la confianza en nosotros mismos y en el mundo que nos rodea. La desconfianza provoca a su vez, como efecto dominó, sentimientos de vulnerabilidad que nos mueven a la vigilancia continua y obsesiva, e interfieren con la capacidad de relajarnos, de relacionarnos y de disfrutar.

Ante los grandes desastres, la reacción natural de los seres humanos es acercarnos unos a otros, unirnos, socorrernos. De hecho, está demostrado que la solidaridad aumenta la supervivencia. Sin embargo, en esta pandemia, sometidos al distanciamiento y confinamiento forzosos, vivimos momentos solidarios y alegres, pero también otros cargados de un miedo indefinido, latente, incómodo, que nos roba la tranquilidad y nos transforma en personas aprensivas, suspicaces, irritables. Tememos lo que nos pueda ocurrir a nosotros, a nuestros familiares y amigos e, incluso, a personas que no conocemos y a la humanidad en general.

Ante estas condiciones extremadamente estresantes, la conciencia de que podemos hacer algo por superar la adversidad, aunque contenga una cierta dosis de fantasía, nos ayuda a planificar nuestro programa de acción y a neutralizar los sentimientos de impotencia. Lo opuesto es adoptar una actitud pasiva y situar el control de nuestra existencia en fuerzas externas como la suerte.

La confianza en nuestras capacidades para gestionar situaciones imprevistas o peligrosas es un ingrediente importante de la resiliencia. Gracias a estas funciones ejecutivas podemos regular las emociones y gestionar las circunstancias, incluyendo buscar información clara y fiable que nos ayude a sentar prioridades y mantener los pies en la tierra.

Especialmente importante en esos momentos es la esperanza que nos anima a confiar en nuestras capacidades, y nos inyecta la ilusión que necesitamos para neutralizar el fatalismo y no tirar la toalla. Como dijo con acierto en tiempos remotos un maestro de la medicina, las personas podemos vivir un mes sin comida, tres días sin beber agua, siete minutos sin aire, pero solo unos pocos segundos sin esperanza. En el mismo sentido, un conocido explorador, a quien había mencionado el proyecto de escribir este libro, me comentó: «Mira, Luis, para sobrevivir perdidos en las montañas o en la nieve influyen la buena preparación y cargar con un buen equipo. Pero a la hora de la verdad, lo que a menudo separa a los vivos de los muertos no es lo que llevan en la mochila, sino en la mente».*

Es igualmente reconfortante recordar que nuestra especie no solo ha sobrevivido a incontables epidemias y calamidades de todo tipo a lo largo de milenios, sino que además ha salido reforzada de ellas. Y es que nuestra capacidad de adaptación y superación no es un mito, sino un atributo congruente con nuestra naturaleza. Precisamente por ello, numerosas personas que superan adversidades graves no solo vuelven al nivel anterior de normalidad, sino que experimentan cambios positivos.

A lo largo de mi vida profesional he conocido a incontables víctimas de enfermedades devastadoras, y a supervivientes de terribles agresiones y desastres naturales que

* Erling Kagge, explorador noruego, fue el primero en llegar al polo norte sin apoyo, en 1990.

experimentaron *crecimiento postraumático*. Son hombres y mujeres que, en su lucha por superar la adversidad, fueron descubriendo rasgos valiosos de su personalidad que desconocían; han podido así reconfigurar sus prioridades y afirman haber experimentado cambios favorables en la percepción de sí mismos, en sus relaciones y en su nivel de satisfacción con la vida en general.

Antes de entrar de lleno en el tema del optimismo, os adelanto que la simple y extendida idea de catalogar a las personas de optimistas o pesimistas no hace justicia a la complejidad de la perspectiva humana, y tampoco concuerda con el conocimiento actual del tema. En las décadas que llevo estudiando el comportamiento humano he comprobado en incontables ocasiones que, si observamos y escuchamos con atención y serenidad a los demás, es fácil llegar a la conclusión de que los pesimistas acérrimos son minoría. Con excepción de aquellos que sufren trastornos físicos o psicológicos que oscurecen sus percepciones, pensamientos o emociones, la gran mayoría de los hombres y mujeres de cualquier edad, estrato social o lugar de procedencia, encaja dentro del amplio grupo de optimistas. Son personas que tienden, en mayor o menor grado, a recordar el lado positivo de las experiencias pasadas, a tratar con confianza las vicisitudes presentes y a pensar que los problemas se solucionarán. Como gozan de la capacidad de sentirse razonablemente satisfechas, y de disfrutar de las relaciones y alegrías que ofrece su entorno, creen que la vida, en su conjunto, merece la pena.

En los capítulos que siguen presento mis hallazgos y

experiencias, así como las ideas que he aprendido de otros. Para comenzar, exploro las fuerzas que forjan nuestra forma de ver las cosas o punto de vista: la subjetividad, el equipaje genético, los rasgos de la personalidad y los valores sociales y culturales. De hecho, la subjetividad que marca la forma de percibir las situaciones que nos afectan explica que, ante los mismos hechos o símbolos, las personas respondan de formas diferentes. Se cuenta que, hace ya tres milenios, el filósofo griego Teofrasto de Lesbos se preguntaba cómo puede ser que, viviendo bajo el mismo cielo y compartiendo las mismas costumbres, las personas tengamos temperamentos tan diferentes.

Seguidamente, identifico los ingredientes principales de la disposición optimista. Además de la esperanza —el elemento indispensable—, analizo la localización del centro de control dentro de uno mismo y la confianza en las propias capacidades ejecutivas. Describo también la memoria autobiográfica positiva, característica de la perspectiva optimista, y el papel fundamental que juega el estilo explicativo en nuestra forma de percibir las circunstancias presentes y responder a los retos que nos plantea la vida.

El capítulo que sigue está dedicado al optimismo en acción; esto es, aplicado a las facetas más importantes de la vida. Me refiero a los frutos del talante optimista en los escenarios del bienestar físico, la autoestima, las relaciones, el trabajo o los deportes; también reviso su función beneficiosa cuando nos enfrentamos a circunstancias adversas.

Después de identificar los venenos más dañinos del optimismo —la indefensión crónica, la depresión y el estigma sociocultural—, presento un par de estrategias, de probada eficacia, para fomentar la disposición optimista en quienes estén motivados y trabajen para lograrlo. Como dice acertadamente la psiquiatra Susan C. Vaughan, de la Universidad de Columbia en Nueva York, «El optimismo es como una profecía que se cumple por sí misma. Las personas optimistas presagian que alcanzarán lo que desean, perseveran, y los demás responden bien a su entusiasmo. Esta actitud les da ventaja en el campo de la salud, del amor, del trabajo y del juego, lo que a su vez revalida su predicción optimista».*

En definitiva, queridos lectores y lectoras, estoy convencido de que entender el temperamento optimista, sus raíces, sus ingredientes y sus aplicaciones es una tarea verdaderamente relevante. Y aprender a sentir y pensar en positivo es, con total seguridad, una inversión rentable. Pienso así porque, para desarrollar al máximo las posibilidades de vivir sanos y contentos, no solo hay que ganar la batalla a las enfermedades, sino que también es importante nutrir los rasgos saludables de nuestra naturaleza, y robustecer el sistema inmunológico encargado de protegernos de las agresiones físicas y mentales que sufrimos en nuestro paso por el mundo. Jonas E. Salk, el biólogo neoyorquino que en 1952 descubrió la vacuna contra el mortífero virus de la poliomielitis, subrayó este punto cuando, a los seten-

* Susan C. Vaughan, *Half Empty, Half Full*, 2000.

2

Formas de ver la vida

Subjetividad

Es evidente que los seres humanos no compartimos la misma interpretación del mundo que nos rodea. Cada uno de nosotros vemos las cosas de nuestro entorno y explicamos las circunstancias que vivimos a nuestra manera. Como ya sugirió el poeta asturiano Ramón de Campoamor en el poema «Las dos linternas», mientras la de Diógenes, que era negra, todo lo entristecía, la suya, que era blanca, todo lo alegraba. Su conclusión: «... nada hay verdad ni mentira; todo es según el color del cristal con que se mira».*

Resulta curioso que la subjetividad sea algo que se da por hecho en el ámbito de la física moderna, desde que Albert Einstein formuló la teoría especial de la relatividad, en 1905. El científico alemán se basó en el hecho de que el punto de vista o posicionamiento del observador influencia inevitablemente su percepción del suceso que observa.

* «Las dos linternas», perteneciente a su obra *Doloras*, 1846.

En general, los significados literales o denotativos de cosas concretas —como una silla, por ejemplo— no se prestan a grandes variaciones. Sin embargo, los significados connotativos que damos por asociación a esas cosas, casi siempre varían dependiendo de nuestras experiencias personales. Por ejemplo, una cicatriz no tiene para nosotros el mismo significado si es la secuela de un accidente fortuito que si es consecuencia de una agresión, aunque ambas sean idénticas.

Cada persona asigna sus propios significados a los sucesos que vive, por lo que reacciona ante ellos a su manera. De ahí que la vista de un ratoncito blanco en casa suponga para unos la presencia de un pequeño roedor amistoso y juguetón, mientras que para otros sea un animal peligroso y aterrador. Y no digamos cuando se trata de elementos simbólicos, como banderas o insignias. Basta con repasar los episodios más significativos de la historia de la humanidad para darnos cuenta del potentísimo papel que desempeñan los símbolos en los asuntos humanos.

La conocida imagen de la botella medio llena ilustra, de una forma simple pero muy reveladora, cómo el temperamento de la persona moldea su perspectiva de las cosas. Ante «la botella de la vida» ocurre lo mismo. Unos la ven llena de posibilidades y se reconfortan, mientras que otros la perciben escasa en oportunidades y se entristecen. De hecho, la subjetividad de nuestras percepciones es la base de las pruebas psicológicas llamadas proyectivas, que se utilizan para estudiar la personalidad, identificar rasgos de carácter, esclarecer conflictos emocionales e, incluso, diagnosticar trastornos mentales.*

La subjetividad también moldea nuestra interpretación de lo que sucede, pues todos necesitamos explicarnos las cosas importantes que nos ocurren. Por eso hay momentos, como el final del día, en que nos decimos: «Es que no me puedo dormir hasta que me explique por qué reaccioné de esa manera, o por qué la jefa me dijo aquello...». La verdad es que muy pocas veces ignoramos o aceptamos como un misterio las situaciones confusas o comportamientos que no logramos entender o explicar.

El impulso que nos mueve a etiquetar nuestras emociones y achacarlas a algo es extraordinariamente potente. Por eso, incluso cuando nuestro estado emocional no tiene una base psicológica y está producido artificialmente por una sustancia como la adrenalina —que se limita a inducir palpitaciones y un aumento de la presión arterial—, la tendencia espontánea es darle un significado y atribuirlo a alguna circunstancia o experiencia personal.**

* La más conocida es la prueba de Rorschach, inventada a principios del siglo xx por el psiquiatra suizo Hermann Rorschach (1884-1922).

** Esto es precisamente lo que demostró en un ingenioso experimento Stanley Schachter, psicólogo de la Universidad de Stanford. Todos los participantes necesitaron darle una explicación psicológica a su estado de tensión física y cada uno lo hizo a su manera.

La perspectiva que tenemos de las cosas y las explicaciones que damos a los sucesos que vivimos dependen, en gran medida, de nuestra personalidad o forma de ser. El carácter viene programado en parte en el equipaje genético que heredamos y traemos al mundo, como podemos apreciar en cualquier sala de maternidad: algunos bebés son tranquilos o reservados mientras que otros se muestran impacientes o expresivos. La influencia de los genes se hace especialmente evidente observando a parejas de gemelos que poseen los mismos genes. No solo se parecen al nacer sino a lo largo de los años; de hecho, incluso los gemelos que son adoptados por padres diferentes y crecen separados desde su nacimiento se parecen, tanto físicamente como en su forma de ser.

Desde que se descifró el genoma humano, en el año 2000, cada día hay más pruebas científicas que conectan los genes con los rasgos de la personalidad y con nuestra forma de ver la vida. Un ejemplo concreto es el gen denominado *5-httlpr*, por sus siglas en inglés,* que regula el transporte y la absorción de la hormona serotonina por las neuronas de las áreas cerebrales conocidas como el núcleo caudado y la amígdala, encargadas de modular nuestras emociones. Investigaciones recientes indican que las personas poseedoras de la versión corta de este gen son más

---

* Gen *5-httlpr*: 5-Hydroxy Tryptamine (serotonina) Transporter Linked Polymorphic Region.

susceptibles a los estímulos del entorno e influenciables por el estado de ánimo de sus interlocutores que quienes son portadores de la versión larga del gen. Curiosamente, esta versión génica larga aumenta la resistencia al estrés y a la depresión ante las adversidades de mayor impacto, como los malos tratos en el hogar, la muerte inesperada de un ser querido, la pérdida del trabajo o una enfermedad grave. Además, los portadores de la versión larga del gen poseen una clara predisposición a centrarse y dar preferencia a los aspectos positivos de las cosas, y a pasar por alto los negativos, tendencia que concuerda con la perspectiva optimista.*

Aunque los genes desempeñan un papel importante en los rasgos de nuestro temperamento, no es prudente minimizar la influencia del ambiente y las circunstancias en las que nos desarrollamos. De entrada, el cerebro humano cuadriplica su tamaño durante los primeros quince años de vida. En esa época, las experiencias positivas o negativas de los pequeños, y los juicios que hacen de ellos los adultos que los rodean, sean elogios o reproches, tienen un gran impacto en el desarrollo de su forma de ser. Los niños imitan a las personas con las que conviven, y adoptan sus actitudes y modos de comportarse. Además, las normas que los pequeños captan a través de los medios de comunica-

---

* E. Fox, «Looking on the bright side: biased attention and the human serotonin transporter gene», 2009, e Y. Kuepper, «5-HTTLPR S-allele: a genetic plasticity factor regarding the effects of life events on personality?», 2012.

ción, o que aprenden en el entorno escolar y social en el que crecen, también influyen en la configuración de los rasgos de su carácter. Hasta el final de la adolescencia la personalidad no acaba de consolidarse, pero una vez afianzada es bastante estable. Precisamente, investigaciones recientes proveen evidencia de la relación cerebro-personalidad en adolescentes al demostrar una relación entre la disposición optimista y la materia gris denominada *putamen* de estos jóvenes. En general, la evidencia científica sugiere que la tendencia a mirar los aspectos positivos de una situación dada, así como la creencia en un futuro brillante, se asocian con la actividad fisiológica del hemisferio izquierdo del cerebro. Por el contrario, la inclinación a centrarse en la parte negativa de las cosas y exagerar su importancia, así como la visión pesimista sobre lo que depara el futuro, están relacionadas con procesos neurofisiológicos en el hemisferio cerebral derecho.*

Las diversas maneras de ser y de explicar las cosas que tenemos los seres humanos pueden comprenderse mejor si echamos mano de los conceptos de genotipo y fenotipo. El primero alude al conjunto de genes que forman las semillas de nuestro ser, mientras que el fenotipo es la expresión de nuestro genotipo, una vez que ha sido moldeado tanto por las experiencias que vivimos como por el impacto del entorno familiar, social y cultural en que crecemos y aprendemos.

* David Hecht, «The Neural Basis of Optimism and Pessimism», 2013.

La primera característica de la personalidad en que se fijaron los investigadores fue la dimensión *extroversión-introversión*. Hoy sabemos que esta característica de la personalidad tiene un fuerte componente hereditario, algo evidente desde los primeros meses de vida.

Las personas extrovertidas son comunicativas y sociables; dirigen su energía hacia fuera, tienden a orientarse a la acción y se abren a nuevas oportunidades. Por el contrario, las personas introvertidas se concentran preferentemente en su mundo interior, les gusta la reflexión, y disfrutan meditando y analizando ideas y emociones; en situaciones sociales son más reservadas, y prefieren los círculos cerrados de amigos. Como es natural, nadie es del todo extrovertido o introvertido, sino que se inclina más hacia una característica u otra. La disposición optimista tiende a coexistir con la extroversión o la tendencia de la persona a comunicar sus sentimientos a los demás.

El factor *conciencia-inconsciencia* también moldea la personalidad, y se refleja tanto en nuestras decisiones como en las actitudes y comportamientos que adoptamos. Quienes tienen un alto grado de conciencia son disciplinados, responsables, fiables, metódicos y ejercen un buen control sobre sus impulsos. En definitiva, gozan de sentido común. En el otro extremo encontramos individuos impetuosos e irreflexivos, que actúan sin pensar ni cautela, dejándose llevar por sus impresiones e impulsos. El bajo nivel de conciencia mina la capacidad de reflexión y de autocontrol de estas personas, y las impulsa a asumir riesgos e involucrarse en situaciones de peligro. Algunos autores se refieren a estas personas como optimistas «automáticos», «exagerados» o «poco realistas», cuando en realidad se trata de individuos que adoptan perspectivas faltas de sensatez o de conocimiento. Por ejemplo, se creen inmunes a riesgos conocidos —como los peligros del tabaco o del sexo sin protección— y se exponen al cáncer de pulmón o a enfermedades de transmisión sexual.

Nuestra forma de ver la vida también la configuran otras características de nuestra personalidad, como la propensión a ser cautelosos o impulsivos, confiados o suspicaces, analíticos o intuitivos. Asimismo, el grado de estabilidad emocional influye igualmente en nuestro carácter. A menor estabilidad emocional, mayor la hipersensibilidad y la propensión a padecer ansiedad, fobias, sentimientos de culpa y síntomas psicosomáticos.

La personalidad influye a menudo en la profesión o el trabajo que elegimos, o para el que nos eligen. Por ejemplo, la sociabilidad es un rasgo útil en trabajos que requieren tratar con clientes o grupos de personas, mientras que la concentración y la capacidad analítica se valoran en áreas como la ciencia o las finanzas. La gran diversidad de formas de ser es la expresión normal de la enorme riqueza y variedad de la naturaleza humana.

Hoy por hoy no existe evidencia que indique que los niveles globales de optimismo de hombres y mujeres sean diferentes, ni que la edad influya en la disposición positiva de las personas. Un alto coeficiente de inteligencia tampoco va necesariamente acompañado de un talante optimista. Aunque sospecho que no pocos sabios se han beneficiado de algún ingrediente optimista. Precisamente, leía hace poco que Albert Einstein, quien, como tantos genios, siempre mantuvo una actitud curiosa y abierta frente a la vida y no dio nada por hecho, solía responder a la constante pregunta sobre qué cualidades personales habían contribuido más a sus logros diciendo: «El regalo de la fantasía y la esperanza ha significado para mí mucho más que la capacidad de absorber y retener conocimiento».

Sociedad y cultura

Para tener una visión general de cómo se construye nuestra forma de ser e interpretar las circunstancias que nos afectan, es importante considerar el papel que ejercen las normas sociales y los valores culturales del lugar y de la época en que nos ha tocado vivir. Me refiero a las creencias, costumbres y pautas de convivencia, tanto explícitas como sobreentendidas, que sirven de puntos de referencia desde la infancia y se reflejan en nuestra forma de valorar los sucesos que vivimos. La cultura es como la sal en la sopa: no la vemos, pero tiene un gran impacto en nosotros.

Os confieso que no deja de llamarme la atención la diferencia que existe en la valoración popular del optimismo entre los países europeos y Estados Unidos. Pienso que la percepción negativa del optimismo que se detecta en Europa responde, en gran medida, al profundo derrotismo que ha primado en el mundo de las reflexiones filosóficas. Ya a Aristóteles, el gran pensador griego, le llamó la atención la propensión de los intelectuales a la melancolía, y se preguntaba «¿Por qué será que quienes han destacado en filosofía y en otras artes son individuos melancólicos, afligidos por la enfermedad de la bilis negra?».

En los últimos cuatro siglos, los filósofos europeos más reconocidos han promulgado ideas de lo más deprimentes sobre el significado de la vida y el destino de los mortales.* Un ejemplo clásico es el parisino François-Marie Arouet, más conocido como Voltaire, quien, en 1759, molesto con «la manía de algunos de empeñarse en que todo está bien cuando las cosas van realmente mal», escribió la célebre novela *Cándido o el optimismo*, en la que ridiculizó con agudeza la visión positiva del mundo. Y pocos años más tarde, en su *Diccionario filosófico* (1764), se burló además de sus críticos con la siguiente sugerencia: «Si se asoman a la ventana, verán solamente personas infelices, y si, de paso, cogen un resfriado, también ustedes se sentirán desdichados». Mientras tanto, psicólogos pioneros se dejaron seducir por las ideas pesimistas que predicaban los filósofos de la época. Por ejemplo, el psicólogo neoyorquino y profesor de Harvard William James, que en 1890 publicó el primer manual de Psicología, mantenía que el optimismo «es un velo que nos evita ver las duras verdades de la existencia». Igualmente, su contemporáneo, el psiquiatra

* Entre los eruditos europeos que resaltan por su derrotismo se encuentran Thomas Hobbes (1588-1679), David Hume (1711-1776), Søren Kierkegaard (1813-1855, Immanuel Kant (1724-1804), Friedrich Nietzsche (1844-1900), Martin Heidegger (1889-1976), José Ortega y Gasset (1883-1955) y Jean-Paul Sartre (1905-1980).

universal Sigmund Freud, inventor del psicoanálisis, era un hombre convencido de que, para las personas, «la más modesta aspiración a la felicidad no es más que una irracional quimera infantil». Solo esporádicamente iban apareciendo pensadores decididos a plantar cara al pesimismo filosófico.*

En el otro extremo se sitúan los valores culturales prevalentes en algunas sociedades, como es el caso de Estados Unidos, que glorifican la disposición optimista. El mito más antiguo que ensalza los poderes del optimismo está reflejado en *Pollyanna*, la novela escrita en 1913 por Eleanor H. Porter, protagonizada por una risueña niña de once años a quien su padre, antes de morir, reveló la clave para encontrar algo positivo en todas las cosas. La figura de *Pollyanna* está tan idealizada como imbuida en esta sociedad. Un peligro de la glorificación cultural del optimismo es que puede convertirse para muchas personas en una tiranía y producirles un estado crónico de insatisfacción y decepción con ellos mismos, un efecto secundario que he observado durante mi carrera profesional en Nueva York.

Los valores culturales establecen, sutil pero eficazmente, la disposición positiva o negativa que se espera de las

* Por ejemplo, el filósofo vasco Miguel de Unamuno expresó su preocupación por que tantos españoles «no quieran comedia sino tragedia» y resaltó el hecho de que a las personas optimistas las mueven las ilusiones y «no se rinden ante la adversidad». Otro ejemplo pionero fue el matemático inglés Bertrand Russell, que también se percató de que el entusiasmo y la ilusión son los signos que mejor distinguen a las personas felices.

personas en las diferentes circunstancias. Son principios que se transmiten de generación en generación y, aunque cambian con el paso del tiempo y se adaptan a los cambios y exigencias de la sociedad, tienden a ser bastante estables. Sus divulgadores son los abuelos, los padres, los educadores, los líderes sociales, los medios de comunicación y los personajes y ritos populares que encarnan los valores de la época.

Ciertas sociedades fomentan una visión de la vida más positiva que otras. En este sentido, numerosas investigaciones multinacionales demuestran que los sistemas democráticos son un buen caldo de cultivo para el optimismo. Por el contrario, las sociedades autoritarias, en las que el poder se concentra en una minoría selecta, promueven el derrotismo en la población.* Asimismo, los habitantes de culturas individualistas, en las que las preferencias, aspiraciones y metas de los individuos tienen prioridad sobre las del grupo, y donde se fomenta la creencia de que el individuo es responsable tanto de sus logros como de sus fracasos, tienden a presagiar más acontecimientos positivos que negativos, comparados con los de culturas colectivistas.

El equilibrio entre los anhelos que alimentan las personas y los recursos a su alcance para conseguirlos es un factor fundamental a la hora de entender las raíces sociales de la disposición más o menos positiva. Es un hecho que el

---

* Véanse los estudios multinacionales de Ed Diener, de la Universidad de Illinois, Estados Unidos.

desnivel crónico entre aspiraciones y oportunidades es una de las causas más frecuentes de derrotismo. Las sociedades que facilitan el control de sus ciudadanos sobre su propio futuro alimentan la motivación y la perspectiva esperanzadora. De ahí que el nivel de optimismo sea superior en las sociedades que consideran una prioridad apoyar las aspiraciones y metas de los individuos.

No hay duda de que la cultura y las corrientes y fuerzas sociales modulan las actitudes y perspectivas de las personas. Con todo, los rasgos principales de la personalidad son bastante estables a partir de la adolescencia, aunque pueden modificarse a causa de sucesos, dolencias o circunstancias significativas de gran impacto.

En suma, nuestra forma de ver la vida depende de múltiples elementos innatos, adquiridos y aprendidos. Fuerzas biológicas, psicológicas, sociales y culturales modelan nuestro modo particular de ser, percibir y juzgar las cosas. En definitiva, ¡nacemos y nos hacemos!

A continuación, describo los pilares de la disposición optimista.

3

Ingredientes del optimismo

Esperanza global y activa

Tener esperanza es pensar que lo que deseamos va a ocurrir. En sus diferentes formas, la esperanza es el ingrediente esencial de la disposición optimista y también el más natural.

Por regla general, las personas de talante optimista mantienen una visión esperanzadora del futuro, por lo que tienden a considerar posible lo que desean y presienten que lograrán las metas que se proponen. Suelen coincidir en afirmaciones como «Por lo general, espero lo mejor», «Casi siempre me ilusiono cuando pienso en lo que me depara el porvenir» o «En general, intuyo que me ocurrirán más cosas buenas que malas». Además, soportan mejor el mal humor de un día porque piensan que el siguiente será mejor.

Si reflexionamos sobre la milenaria evolución de nuestra especie, tiene sentido pensar que la esperanza abundara en nuestros antepasados. Ante las precarias condiciones de vida a que se enfrentaban, no solo alimentaba en ellos las ganas de vivir y reproducirse, sino que además sustentaba su motivación para diseñar estrategias prácticas de supervivencia, buscar y disfrutar los frutos de la naturaleza y resistir sus embestidas. Como decía el reconocido antropólogo canadiense Lionel Tiger, «Apostar por la esperanza ante la incertidumbre es tan natural en nuestra especie como andar con dos patas».

Cuando la perspectiva positiva se refiere al futuro en general se denomina *esperanza global*. Se manifiesta, por ejemplo, en pronosticar un destino cada vez mejor para la humanidad, o en el grado de fe que tenemos sobre la derrota de las enfermedades o las injusticias que nos afligen.

La esperanza global se refleja también en los mitos y creencias que han cautivado a la especie humana desde sus más remotos orígenes. Movidos por la necesidad de explicar su existencia y las misteriosas fuerzas de la naturaleza, nuestros antepasados concibieron las figuras de los dioses, a quienes atribuían la creación y el destino del universo. Aunque algunas divinidades eran muy temperamentales, la mayoría estaban representadas por profetas moralistas y persuasivos que predicaban reglas de convivencia y caminos adecuados para conseguir la dicha, si no en vida, después de la muerte. En el fondo, las religiones son relatos empapados de la esperanza que florece en la mente humana, cuya finalidad es ayudar a millones de personas a sobrellevar los sentimientos de incertidumbre e indefensión inherentes a la naturaleza humana, y a mantener la ilusión en un más allá feliz y justo. En cierto sentido, forman parte del instinto humano de conservación.*

---

* Véase la obra del reconocido biólogo David S. Wilson, *Darwin's Cathedral: Evolution, Religion and the Nature of Society*, 2002.

Con frecuencia, la visión esperanzadora global es el resultado de convicciones positivas, basadas en la confianza que albergamos en valores humanos genuinos, como la paz, la justicia, la libertad o la bondad. Igualmente, puede proceder del convencimiento razonado y apoyado por la ciencia, que demuestra la tangible y favorable evolución de la humanidad. Cuando contemplamos el futuro en general con expectativas positivas, solemos sentirnos ilusionados y confiados. De esta forma, nos emparejamos pensando que la relación feliz perdurará, elegimos una ocupación con la esperanza de que nos gratifique, y viajamos con alegría y confianza a lugares desconocidos porque contamos con llegar seguros a nuestros destinos.

No obstante, la esperanza global no está reñida con la aceptación de nuestra irremediable temporalidad. De hecho, el convencimiento de que la vida supone una única oportunidad empuja a muchas personas a luchar con un tesón especial, con la esperanza de superar los inconvenientes que se cruzan en su camino y gozar de los deleites cotidianos. En estos casos, la esperanza más útil es la que, en situaciones de riesgo, nos induce a esperar lo mejor y a prepararnos para lo peor.

Otro modelo de esperanza típico de la perspectiva optimista es la *esperanza activa*, que, además de hacernos ver como posible aquello que anhelamos, estimula en nosotros la confianza para tomar las medidas necesarias de cara a conseguirlo. Concretamente, nos anima a transformar nuestros deseos en metas y a confiar en nuestra capacidad para superar las barreras que se interpongan en el camino.

Las semillas de la esperanza activa se siembran durante la infancia. El simple hecho de que el llanto de los pequeños atraiga automáticamente la atención y cuidados de adultos cariñosos y responsables es suficiente para implantarles la idea de que la satisfacción de sus necesidades está a su alcance. Con pocos años ya evidencian signos de esperanza ante las contrariedades y albergan pensamientos esperanzadores como «Sé lo que tengo que hacer para conseguir lo que me propongo» o «Si un día me encontrara en un aprieto, estoy seguro de que daría con la forma de salir de él». Por el contrario, la carencia de esperanza activa suele reflejarse en declaraciones como «Si puedo fallar en algo, estoy seguro de que fallaré», «Casi nunca creo en buenos finales» o «Nunca cuento con que las cosas me salgan como yo quiero». No falta, sin embargo, quien intenta curarse en salud sin apostar por lo bueno o por lo malo, diciéndose: «La mejor forma de no defraudarse es no esperar nada bueno».

La perspectiva esperanzadora activa del mañana hace más llevaderas las decepciones que nos impone la vida y, al mismo tiempo, nos impulsa a luchar por superarlas y no tirar la toalla. Por eso, quienes se dicen que les van a ir bien las cosas se predisponen a que así sea, y tienen más probabilidades de conseguir sus objetivos que aquellos que asumen que les van a ir mal.

Cuando se ciernen sobre nosotros calamidades o enfermedades, es normal buscar el apoyo de seres queridos —o de deidades si somos creyentes— y las promesas de alivio de los expertos en el mal que nos aqueja. Sin embargo, para la mayoría de las personas los mensajes más reconfortantes y esperanzadores proceden de sus propias voces internas. Decirse a uno mismo: «Sí, puedo» o «Tengo lo que hace falta para lograrlo» alienta la confianza y la fuerza de voluntad para poder dar los pasos necesarios y conseguir vencer los males que nos aquejan. En resumen, la esperanza activa típica de la perspectiva optimista crece estimulada por las experiencias que alimentan los sentimientos de confianza en nuestra capacidad para controlar razonablemente nuestras circunstancias.

Centro de control interno y confianza en el departamento ejecutivo

Otro pilar fundamental de la visión optimista es la tendencia a localizar el centro de control de nuestras decisiones dentro de uno mismo. De esta manera confiamos en las funciones ejecutivas personales, como la aptitud para regular las emociones y programar los pasos necesarios para lograr nuestros objetivos, especialmente en esos momentos en los que tenemos que tomar decisiones en circunstancias comprometidas o incluso peligrosas.

Pensar que el resultado está en nuestras manos nos ayuda a sentirnos protagonistas, a actuar con determinación y a resistir mejor. Lo opuesto es situar el control y nuestras esperanzas en fuerzas externas como el destino, o dejarnos llevar por el conocido «Que sea lo que Dios quiera». Si estamos convencidos de que nuestras decisiones no cuentan y nos consideramos espectadores en lugar de actores de los acontecimientos que nos afectan, tendemos a adoptar una actitud pasiva de impotencia y desamparo.

En mis años de práctica médica he podido comprobar que los pacientes que se declaran capitanes de su barco y se convencen de que el rumbo está en sus manos, luchan con más tesón contra los males que los afligen que aquellos que se persuaden de que la solución de sus problemas está fuera de ellos y nada de lo que hagan importa.

Además de localizar el control dentro de nosotros mismos, este ingrediente del optimismo requiere confianza en nuestro propio departamento ejecutivo.* Gracias a esta capacidad podemos evaluar las circunstancias y los mensajes del entorno, sentar prioridades, tomar decisiones para resolver los asuntos puntuales que nos preocupan y alcanzar las metas que nos marcamos. Además, este departamento nos ayuda a anticipar las consecuencias de nuestros actos y a controlar los impulsos que puedan interferir con nuestro bienestar. En definitiva, el departamento ejecutivo se encarga de gestionarnos la vida.

Las funciones ejecutivas se consolidan poco a poco, pero la sensación gratificante de lograr las cosas que nos proponemos es muy temprana. No hay más que ver la alegría que expresan los bebés cuando perciben que sus acciones tienen efecto: por ejemplo, cuando tienen hambre, lloran para lla-

---

* En 1986 el psicólogo canadiense Albert Bandura bautizó con el nombre de *autoeficacia* la convicción de que podemos ejecutar las acciones necesarias para alcanzar nuestras metas.

mar la atención y sus cuidadores se apresuran a alimentarles; o expresan su gozo al agitar las manos o los pies y hacer sonar las campanillas que cuelgan delante de ellos en la cuna.

Los pequeños no tardan mucho en imitar e incorporar a su departamento ejecutivo los comportamientos que observan en los adultos importantes de su entorno. A los tres años, los niños se dicen ya a sí mismos, a menudo en voz alta, las cosas que deben hacer y las que no, de acuerdo con las instrucciones que reciben de sus padres o cuidadores. Buena parte de los comportamientos humanos son automáticos —desde tareas rutinarias hasta nadar o montar en bicicleta— y no requieren pasar por un proceso de deliberación consciente. No obstante, la mayoría de los actos que gobiernan nuestra vida son consecuencia de decisiones que tomamos después de reflexionar y analizar diferentes opciones, al menos durante unos segundos. Como dice una de mis actrices favoritas, Meryl Streep, «Somos las decisiones que tomamos».

Entre las funciones ejecutivas de mayor peso está el autocontrol, la aptitud para frenar de manera consciente los ímpetus, para esperar y retrasar la gratificación inmediata, con el fin de perseguir un objetivo superior. Gracias a ella podemos desarrollar estrategias a largo plazo. Sin embargo, para ejercer el autocontrol necesitamos motivación y fuerza de voluntad, dos cualidades con un costo alto, pues llevar las riendas de nuestros impulsos consume bastante energía mental. Esto explica que, bajo ciertas circunstancias, bastantes personas cedan, se rindan y se dejen llevar por los acontecimientos.

La introspección es otra herramienta del departamento ejecutivo. Nos permite adquirir conocimiento de cómo somos y configurar una opinión de nuestros talentos, recursos y defectos, con lo que aumentamos las probabilidades de acertar a la hora de tomar decisiones. Todos necesitamos familiarizarnos con nuestras aptitudes y limitaciones, para poder forjar y dirigir nuestro programa de vida y superar las adversidades. Este conocimiento es especialmente ventajoso ante amenazas inesperadas, en las que una vez que estamos en medio del peligro es demasiado tarde para analizar y cambiar nuestra forma de actuar. Por eso es razonable pensar que aquellos que se conocen mejor llevan ventaja. De ahí el antiquísimo y sensato aforismo griego «¡Conócete a ti mismo!».

Dentro de nuestro departamento ejecutivo también contamos con la intuición, la cualidad que nos permite percibir una nueva situación a través de señales subliminales o de baja intensidad que captamos del entorno. Estas señales se conectan con recuerdos de experiencias pasadas y presentimientos que provocan una respuesta emocional, como la sensación de peligro o la corazonada de que algo positivo va a ocurrir. Podemos decir entonces que la intuición es una valoración instintiva y rápida, carente de explicación o razonamiento lógico, que nos empuja a pasar a la acción. Se trata de una respuesta emocional premonitoria que tiene un enorme poder y hasta puede llegar a proteger nuestra vida.

Si bien escuchar la voz interior y razonar son funciones importantes, a menudo es esencial buscar información en fuentes externas de confianza. Y es que la información fiable y manejable es una herramienta utilísima a la hora de decidir. En situaciones preocupantes o confusas, enterarnos de lo que verdaderamente está pasando nos ayuda a mantener el control, a protegernos y sentirnos más seguros, pues los temores imaginarios son causa de angustia y ofuscación. Cuanto mejor informados estemos, menos susceptibles seremos a las especulaciones o a los rumores catastrofistas que suelen proliferar sobre todo en momentos de incertidumbre.

No cabe la menor duda de que la confianza en el funcionamiento razonable de nuestras capacidades ejecutivas, la seguridad en uno mismo, es condición necesaria para poder afrontar con determinación y optimismo las pruebas a que nos somete la vida. Al sentirnos competentes y eficaces dedicamos más esfuerzo a lo que nos proponemos y estamos menos predispuestos a tirar la toalla. Esta valoración positiva que hacemos de nuestras aptitudes realza también la imagen que proyectamos al entorno que nos rodea, algo que puede ser muy útil ante los desafíos o las provocaciones por parte de otros.

Hacer buen uso de las funciones ejecutivas a menudo requiere echar mano de experiencias pasadas grabadas en la memoria, ese diario personal que llevamos siempre con nosotros. La memoria no solo nos permite almacenar y evocar hechos concretos, sino también nuestras interpretaciones de esos hechos y los sentimientos que los acompañan. Por eso los recuerdos nos ayudan a formular y justificar nuestras decisiones, y a dirigir nuestra vida. Las reminiscencias positivas del ayer determinan en gran medida nuestra visión del presente y del mañana, y constituyen un ingrediente primordial de la perspectiva optimista.

MEMORIA AUTOBIOGRÁFICA POSITIVA

Aunque funcionamos con varios tipos de memoria, que se corresponden con la naturaleza del contenido que guardamos, la memoria más relevante en el contexto de la perspectiva optimista es la *memoria autobiográfica*. En esta memoria guardamos desde la infancia los recuerdos de los sucesos o circunstancias que vivimos en un tiempo y lugar determinados, fundamentales para configurar la narrativa de nuestra autobiografía. Consciente o inconscientemente, todos mantenemos vivo el pasado y lo reflejamos sobre gran parte de lo que pensamos, sentimos, decimos y hacemos en nuestra vida cotidiana.

Los recuerdos que memorizamos revelan mucho sobre nuestra forma de ver la vida, pues la manera en que recordamos el pasado va a modular nuestra perspectiva del presente y del futuro. Una visión favorable del pasado nos predispone a abordar con confianza los retos que se cruzan en nuestro camino. Por el contrario, una perspectiva negativa de nuestras experiencias pasadas puede impregnar de pesares nuestro día a día y bañar de desconfianza el mañana.

La memoria no es un almacén aséptico ni un disco duro en el que conservamos, perfectamente sistematizados, los hechos y datos que grabamos. Una cualidad fascinante de la memoria es su poder para ordenar, moldear y reconstruir los datos y acontecimientos que almacena del pasado, y hacerlos coherentes con nuestra perspectiva del presente. La memoria también gobierna la permanencia de lo que guarda a través del olvido, ya que borra gran parte de la información que graba. A menudo, el olvido es saludable psicológicamente, pues, con el paso del tiempo, los avatares más penosos del pasado que pierden nitidez se convierten en estampas imprecisas e indoloras. Difuminar o quitar hierro a recuerdos de fracasos o conflictos dolorosos protege nuestra confianza y nuestra autoestima. En el mismo sentido, eliminar de la mente desengaños o malas pasadas nos ayuda a pasar página, a liberarnos y a afrontar con ilusión nuevos capítulos de nuestra vida. Podemos entonces decir que una dosis razonable de amnesia selectiva nos ayuda a mantener la perspectiva optimista.

El filósofo Fernando Savater, en su obra *El contenido de la felicidad*, ilustró los beneficios de conservar con prioridad los buenos recuerdos, al observar la tendencia natural de los niños a decir: «Lo estamos pasando bien, pero ¿te acuerdas de cuánto nos divertimos el año pasado?». Esto le llevó a pensar que la felicidad se basa en los recuerdos positivos que «están a salvo» en la memoria. Su conclusión fue que «la felicidad es una de las formas de la memoria» y que somos optimistas por creer que hemos sido felices. Por el contrario, una perspectiva desfavorable de nuestras experiencias pasadas puede impregnar de pesimismo nuestro día a día, y sumir en la inseguridad y desconfianza nuestra visión del presente y del mañana.

Decenas de experimentos coinciden en que nos acordamos de más experiencias positivas que negativas, siempre que no estemos deprimidos, angustiados o pasando por momentos muy estresantes. Hagamos una prueba, queridos lectores y lectoras: haced una lista de los veinte recuerdos de vuestra vida que os vengan en este momento a la mente, sin consultar vuestro diario. Lo más probable es que identifiquéis una mayoría de sucesos favorables o positivos, y que paséis por alto los fracasos o rechazos que hayáis sufrido.

La selección que hacemos de los recuerdos modula nuestro estado de ánimo estimulando sentimientos agradables o desagradables. Además, la forma positiva o negativa de sopesar nuestra historia, y de reconciliar lo que fue con lo que pudo haber sido, también moldea nuestra perspectiva de la vida. Lo opuesto también es cierto: nuestra personalidad y nuestro estado emocional influyen en lo que grabamos y evocamos. Por eso los recuerdos revelan tanto sobre nosotros. Las personas con predisposición al pensamiento positivo —la mayoría— tienden a guardar y recordar preferentemente los buenos momentos de su vida, los éxitos del pasado, las relaciones enriquecedoras y los acontecimientos gratificantes. Suelen pensar: «En general, las cosas me han ido bien», o «Mi experiencia me ha preparado para superar los contratiempos». Esta visión favorable del pasado alimenta la autoestima y nos predispone a confiar en el presente y en el futuro, además de servir de protección contra las desilusiones.

Las personas que evocan con palabras los retos pasados

que superaron tienden a confiar en sus posibilidades de superar los retos presentes. Sus éxitos pasados les van a servir de estímulo para no tirar la toalla: «Lo lograste en la última prueba y lo lograrás también en esta». Por el contrario, si el recuerdo que evocan es de una situación desfavorable en la que fracasaron, el mensaje que se dan es de desconfianza. Y una vez que superan o esquivan el percance, la explicación «Me salvé del accidente porque soy un buen conductor» es más reconfortante que «¡No me maté porque Dios no quiso!».

Al reflexionar sobre su vida pasada, los optimistas se consideran con mayor frecuencia exentos de culpa por sus errores y tienden a pensar que, bajo las circunstancias de entonces, lo hicieron lo mejor que pudieron. En este sentido, una persona optimista demuestra realismo cuando reconoce que no es justo juzgar el pasado con la ventaja que da saber los resultados de las decisiones que se tomaron.

La importancia de la memoria autobiográfica crece con los años. Con el paso del tiempo, el futuro se contrae y el presente se transforma rápidamente en pasado. Las personas mayores optimistas se caracterizan por repasar con benevolencia el ayer y por reconciliarse con los conflictos que no pudieron resolver, con los errores que no rectificaron y con las oportunidades perdidas.

Como vemos, aunque la tarea más conocida de la memoria sea la de almacenar y reproducir información y sucesos pasados, lo cierto es que la memoria autobiográfica nos sirve para reconstruir nuestra historia, definirnos, valorarnos, tomar decisiones y para moldear nuestra forma de ver la vida. Como escribió Oscar Wilde, la memoria «es el diario que llevamos con nosotros a todas partes».

Los seres humanos sentimos una irresistible necesidad de explicar las cosas que nos pasan. Como ya mencioné, solo en raras ocasiones nos agarramos a nociones incómodas como la ignorancia o el misterio. Con los años, todos desarrollamos nuestro propio estilo explicativo. Durante la infancia y hasta principios de la adolescencia, las explicaciones de los pequeños suelen parecerse a las de sus progenitores, sobre todo si estos son vistos por los niños como personas competentes. De hecho, los juicios que los padres o educadores emiten sobre la conducta de los pequeños moldean sus opiniones. Así, las explicaciones positivas globales de sus logros —«Te ha salido bien el dibujo porque eres una niña muy creativa»— o las interpretaciones limitadas de sus fracasos —«Este dibujo no te ha salido tan bien como te gustaría porque ahora estás cansada»— fomentan la inclinación a razonamientos positivos.

Numerosas investigaciones sobre la perspectiva optimista, en particular las llevadas a cabo por el psicólogo estadounidense Martin Seligman, han evaluado el contenido de las explicaciones que damos a los sucesos positivos y negativos que nos afectan basándose en tres factores: la *permanencia* o duración que le damos a su impacto, la *pe-*

netrabilidad o el impacto que asignamos a estos eventos y la *personalización* o el grado de responsabilidad personal que nos achacamos por lo ocurrido.

En relación con la *permanencia* o duración que damos a las circunstancias que nos afectan, aunque lo normal es que los infortunios nos hagan a todos sentirnos desilusionados o frustrados, cuanto más optimistas son las personas que han sido golpeadas por alguna adversidad, más suelen pensar que se trata de una desventura pasajera de la que se recuperarán. En el extremo opuesto se encuentran las personas que tienden a considerar que los efectos de las calamidades son permanentes.

Veamos, por ejemplo, el caso de una mujer optimista. Al contemplar la discusión que tuvo con su pareja, después de que él regresase del trabajo malhumorado e irritable, ella la achaca a una circunstancia concreta y eventual: «Algo le ha debido de ocurrir a Luis en la oficina para que esté hoy de tan mal humor». Una interpretación pesimista de la misma situación hubiera tenido un matiz más permanente: «Esta discusión con Luis es una prueba más de su mal carácter, que no tiene remedio».

Ante las situaciones dichosas ocurre justamente lo opuesto. Los más optimistas son propensos a creer que la «buena fortuna» es la regla y perdura, mientras que los menos optimistas tienden a considerarla una casualidad fugaz. Después de tener una buena entrevista con el jefe y de recibir un aumento de sueldo, el empleado de optimismo alto se dice: «No me extraña la decisión, pues estoy bien preparado, soy maduro, creativo, y me lo merezco».

El de optimismo bajo piensa: «En esta ocasión he tenido suerte y no me ha ido mal, aunque dudo que esto me vuelva a suceder».

En cuanto a la penetrabilidad o impacto de los sucesos, cuanto más optimista es la persona más tiende a restringir o a encapsular el efecto de los fracasos, y a evitar establecer generalizaciones fatalistas que no permiten ninguna salida. Para los menos optimistas, en cambio, los golpes dañan la totalidad de su persona, por lo que piensan que sus consecuencias serán generales e insuperables. Por ejemplo, después de que su propuesta de un nuevo proyecto fuese rechazada por la encargada del departamento, el subordinado optimista concluye: «La jefa no ha sido objetiva en esta ocasión, no ha sabido captar todas las ventajas del proyecto». Una explicación con alta dosis de derrotismo hubiera sido: «La jefa es totalmente incompetente, carece de la más mínima objetividad para poder dirigir cualquier operación, así que mi única alternativa es dimitir». Ante las situaciones afortunadas es a la inversa. Cuanto más optimistas seamos, más anticiparemos que sus efectos positivos moldearán muchas facetas de nuestra vida; cuanto menos optimistas, más tenderemos a pensar que el beneficio será muy limitado.

En lo que concierne a la personalización o la responsabilidad que asumimos ante situaciones adversas, los individuos optimistas no se sobrecargan de culpa por lo ocurrido, sino que sopesan su grado de responsabilidad, así como los posibles fallos de otros. Catalogan los tropiezos de errores subsanables que les sirven de aprendizaje. En el extremo opuesto se sitúan aquellos que se acusan totalmente de lo sucedido, no ven la posibilidad de reparar los desaciertos ni la oportunidad de aprender de la situación. Ante circunstancias favorables, quienes juzgan que se merecen la recompensa, porque piensan que contribuyeron a los buenos momentos, son más optimistas que aquellos que no se sienten merecedores. Por ejemplo, el enamorado correspondido que se dice: «Comprendo que esté prendada de mí, tengo mucho que aportar a la relación», es más optimista que quien se explica su dicha amorosa en términos de «menudo golpe de suerte».

Un componente frecuente del estilo explicativo característico de la perspectiva optimista es el tipo de comparaciones que hacemos para evaluar las situaciones que nos afectan directamente. Por ejemplo, si ante una adversidad comparamos nuestras circunstancias penosas con las de otros perjudicados, nos sentiremos mejor o peor según la suerte de aquellos con quienes elegimos compararnos. Así, en las crisis económicas son muy evidentes los efectos consoladores de las comparaciones favorables: «La situación me afecta, pero no tanto como a otras personas de mi entorno, que casi no tienen para comer» o «La parte laboral está mal, pero tengo la suerte de tener buena salud, buenos amigos y contar con el apoyo de mis padres...».

En los desastres naturales, los individuos que se comparan con damnificados que han sufrido daños mayores se sienten afortunados. Expresiones como «Miro a mi alrededor y reconozco que me podía haber ido mucho peor» o «Por lo menos no soy el único» ayudan a soportar el descorazonamiento que producen las calamidades inesperadas. En este sentido, estudios sobre grupos de autoayuda de mujeres con cáncer de mama demuestran que aquellas que han perdido un pecho no pueden remediar sentirse reconfortadas al compararse con las que han sufrido una mastectomía bilateral. Estas últimas se consuelan a su vez al contrastar su situación con las mujeres cuyo tumor maligno se ha extendido a otras partes del cuerpo.* Al margen del juicio moral que se quiera hacer de estas comparaciones favorables, la realidad es que la tendencia a compararnos ventajosamente con nuestros semejantes nos ampara y alimenta nuestra capacidad para mantenernos ilusionados a pesar de los infortunios.

En definitiva, el estilo optimista de explicar las cosas nos estimula a elaborar explicaciones favorables que minimicen los efectos negativos de los fallos o reveses y nos protejan de la infravaloración de nosotros mismos, del desánimo y del sentimiento de indefensión. Y, ante circunstancias favorables, nos mueve a aceptar con confianza la buena fortuna y a apropiarnos de nuestros éxitos como algo que nos merecemos.

Como hemos visto, el optimismo no es un simple rasgo temperamental, sino que consiste en un conglomerado de elementos que forman nuestra personalidad y configuran

* Véanse las investigaciones de la psicóloga Shelley Taylor en *Positive Illusions*, 1989.

nuestra forma de vernos a nosotros mismos y de valorar los sucesos que vivimos. Estos ingredientes colorean nuestra visión del mundo y de nuestro destino. El termómetro del optimismo analiza y mide, en primer lugar, la esperanza global que tenemos sobre el futuro en general, así como la esperanza activa, que, además de hacernos ver como posibles las metas que anhelamos, estimula en nosotros la confianza para tomar medidas y alcanzar los objetivos específicos que nos proponemos.

Este baremo del optimismo mide también la tendencia a localizar el centro de control dentro de uno mismo ante las decisiones, y a confiar en la eficacia de las propias funciones ejecutivas para llevarlas a cabo. Otro ingrediente en la escala del optimismo es la naturaleza positiva o negativa de las reminiscencias del pasado que guardamos en nuestra memoria autobiográfica. Por último, es muy importante evaluar el estilo explicativo o la forma habitual de describir o interpretar los sucesos positivos y negativos que nos afectan. Estos cuatro componentes de la perspectiva más o menos optimista se conectan en la mente y contribuyen a configurar nuestra visión del pasado, nuestro estado de ánimo presente y nuestra perspectiva del mañana.

4

Optimismo en acción

BIENESTAR FÍSICO Y LONGEVIDAD

Para entender el papel que desempeña la disposición optimista de las personas en su bienestar físico, es importante comenzar por tener en cuenta la estrecha vinculación que existe entre la mente y el cuerpo. Esta relación, considerada obvia en la actualidad, no ha sido siempre reconocida. Recordemos que en el siglo XVII el influyente filósofo francés René Descartes formuló el principio de la separación absoluta entre la mente intangible y el cuerpo de carne y hueso. Esta peregrina idea se popularizó hasta el punto de retrasar dos siglos el estudio de la relación mente-cuerpo.

Hoy sabemos que la mente mantiene una conexión continua con el cuerpo a través de los sistemas nervioso y endocrino. Una de las primeras muestras de esta conexión fue la observación de que las contracciones de los músculos faciales afectaban al estado de ánimo. «La cara es el espejo del alma», dice el antiguo y conocido proverbio. Hoy sabemos que las expresiones del rostro, como la risa o el llanto, aunque sean provocadas artificialmente, terminan por producir en la persona los sentimientos que representan. De hecho, esta conexión de doble dirección entre las emociones y sus manifestaciones corporales, que los actores y actrices conocen tan bien, fue demostrada por William James, el reconocido psicólogo neoyorquino, al observar que silbar una melodía alegre en la oscuridad neutralizaba el miedo en el silbador. Posteriormente, el médico madrileño Gregorio Marañón corroboró que las personas pueden producir en ellas mismas una emoción determinada ejecutando los gestos físicos que la caracterizan.

Las ideas y emociones que se cuecen en el cerebro se dejan sentir en los órganos del cuerpo. Para ello se sirven de las sustancias neurotransmisoras que regulan las hormonas y el sistema nervioso vegetativo, encargado de controlar el ritmo del corazón, la presión arterial, el sistema inmunológico y otras funciones vitales. Lo cierto es que hay una serie de trastornos físicos, llamados psicosomáticos, que solo pueden explicarse desde el marco psicológico. Entre ellos se cuentan los dolores generalizados, las alteraciones gastrointestinales, los problemas neurológicos o del sistema reproductor y las afecciones de la piel. Es asimismo evidente que la depresión, el estrés persistente y los sucesos impactantes debilitan el sistema inmunológico y nos hacen vulnerables a las infecciones, a los trastornos digestivos y a las enfermedades cardiovasculares.*

Los problemas de salud ponen a prueba nuestra visión

* Véanse las investigaciones de Redford Williams, profesor de medicina de la Universidad de Duke, Estados Unidos.

más optimista de la vida, pero también confirman los beneficios directos e indirectos de las emociones positivas sobre la salud. Una actitud esperanzada estimula los dispositivos curativos naturales del cuerpo y anima psicológicamente a la persona a adoptar hábitos de vida saludables. Esto no supone que el pensamiento optimista esté reñido con la percepción de los riesgos de una enfermedad, aunque sí lo está con la pasividad a la hora de afrontarlos.

Cuando hablamos de buena salud física nos referimos al hecho de que nuestro cuerpo ejerce con normalidad todas sus funciones, algo que se comprueba a través de un examen médico. Sin embargo, la mayoría no acudimos al galeno a no ser que nos sintamos indispuestos. Cada persona alberga un sentimiento subjetivo de su bienestar físico, y la valoración más o menos positiva que hace de su salud es un factor importante a la hora de predecir la longevidad. En este sentido, un centenar de investigaciones sobre la percepción de la propia salud demuestran que la respuesta a la simple pregunta «¿Cómo describiría su salud en general: excelente, muy buena, buena, pasable o mala?» predice la longevidad mejor que un examen médico completo, en especial en personas mayores de sesenta años.* Así, las personas que evalúan de «excelente» su forma física, viven más que quienes la califican de «mala», con independencia de las enfermedades que padezcan o de las medicinas que tomen. Esto podría deberse a que, una vez que catalogan

* Véanse los estudios de Idler, Kaplan, Mossey, Peterson y Veenhoven.

su nivel de salud, adoptan el estilo de vida más coherente con su opinión.

Sin duda, la disposición optimista es un factor importante a la hora de pronosticar la longevidad. El seguimiento de miles de personas, realizado en múltiples países durante medio siglo, revela que las más optimistas mueren menos por accidentes, actos de violencia y suicidios. Además, el optimismo ha sido vinculado con un menor riesgo de morir de cáncer, enfermedades cardíacas y respiratorias, accidentes cerebrovasculares e infecciones.* También sabemos que las personas optimistas se deprimen con menos frecuencia, y la depresión está asociada a la mortalidad. Por ejemplo, está demostrado que cuanto más alto es el nivel de optimismo de las mujeres embarazadas durante el tercer trimestre, menos probabilidades tienen de deprimirse después del parto. A la hora de explicar los resultados de estos estudios, la mayoría de los investigadores mantienen la hipótesis de que las personas derrotistas son más imprudentes; imbuidas de fatalismo, tienden a situar el control de sus actos fuera de ellas y a creer «Nada que yo haga importa», por lo que sufren prematuramente de dolencias evitables, como enfermedades cardiovasculares, enfisema o cáncer pulmonar.

No hay duda de que el lenguaje interior positivo y esperanzado fortalece las defensas naturales. En lo que se refiere a su salud, las personas optimistas tienden además a lo-

* Véanse los estudios de Lyn Abramson, Toshihiko Maruta y Charles Carver.

calizar el centro de control en ellas mismas y se dicen: «Yo puedo hacer algo para abordar y superar este problema»; también valoran la prevención y toman medidas ante las amenazas a su bienestar físico. Como contraste, los soliloquios anegados en dudas y fatalismo alteran el sistema inmunológico y endocrino, y contribuyen a la desconfianza y la apatía ante las enfermedades y sus remedios.

Otra ventaja para la salud de los temperamentos optimistas es su tendencia a socializar y a comunicarse. La extroversión fomenta el desahogo emocional y fortifica las defensas. Así, la participación semanal en grupos terapéuticos de apoyo psicológico está relacionada con una mayor esperanza y calidad de vida en pacientes que sufren dolencias crónicas y algunos tumores malignos. Igualmente, enfermos de psoriasis que participan en sesiones de relajación o meditación mejoran más rápidamente de sus lesiones. Incluso escribir sobre experiencias traumáticas pasadas causa una mejoría sintomática sustancial y a largo plazo en enfermos asmáticos y artríticos.

El temperamento optimista alarga la vida de los enfermos crónicos, desde las víctimas de esclerosis múltiple hasta personas que han sufrido ataques de corazón, pasando por enfermos de insuficiencia renal e hipertensión. Además, es el factor que mejor predice la calidad de vida cotidiana de pacientes de asma y artritis.* Las personas que

* Glenn Affleck, «Daily processes in coping with chronic pain», 1996, y T. P. Hackett, «Effect of denial on cardiac health and psychological assessment», 1982.

han sufrido un infarto de miocardio, pero se sienten esperanzadas y confiadas en su capacidad de recuperación, tienen más probabilidades de sobrevivir que aquellas que reaccionan con angustia y desesperanza. Su optimismo las ayuda a autorregular sus emociones negativas y a reducir su vulnerabilidad a las complicaciones. Por añadidura, el talante positivo del enfermo no solo es beneficioso para él, sino que también tiene un efecto esperanzador en sus familiares y cuidadores.*

En términos generales, las personas optimistas experimentan menos angustia ante las averías del cuerpo. Esto se debe a que quienes confían en el futuro piensan que la desventura en la que se encuentran será temporal, de impacto limitado, y además dedican más esfuerzo a superar sus dificultades. Se ha dicho innumerables veces que los humanos somos criaturas vinculadas al mañana. Y es que nuestras suposiciones o expectativas acerca del futuro tienen un gran impacto en nuestro estado de ánimo presente. Precisamente por eso, la esperanza desempeña un papel tan importante en la curación.

El campo de las enfermedades también ha servido desde tiempos remotos como escenario del pensamiento positivo, que es la esencia de lo que se conoce como *efecto placebo*. Este efecto se produce cuando un enfermo mejora, o incluso se cura, tras ingerir una sustancia inocua o ser so-

---

* Charles W. Given, «The influence of cancer patients' symptoms and functional status on patients' depression and family caregivers' reaction and depression», 1993.

metido a una intervención sin ningún valor terapéutico. En el mundo de la medicina es bien sabido que los pacientes confiados en que el remedio prescrito aliviará su enfermedad son los que tienen mayores probabilidades de estimular sus defensas naturales y cumplir con el tratamiento. Aunque todavía se sabe poco sobre los mecanismos que intervienen en la conexión esperanza-cura, hace unos años investigadores suecos demostraron que la esperanza de lograr alivio del dolor como respuesta a un placebo es tan intensa que produce cambios cerebrales visibles a través de resonancia magnética.*

El efecto placebo es el paradigma de la capacidad de los seres humanos para movilizar sus propias fuerzas naturales curativas. Por eso, para que un nuevo medicamento salga al mercado, hay que demostrar que sus beneficios son superiores a los de una sustancia placebo. Un célebre estudio cuyo fin era comparar la eficacia de un nuevo medicamento para curar la úlcera de duodeno con otro anterior, que ya llevaba varios años en el mercado, ilustra con claridad este punto. Los trescientos enfermos que tomaron parte en esta investigación padecían todos úlcera, diagnosticada tras ser visualizada por medio de una endoscopia. Los participantes fueron separados al azar en tres grupos: el primero recibió el nuevo fármaco, el segundo la medicina antigua y al tercero se le administró un placebo. Los tres tipos de cápsulas tenían una apariencia externa idéntica,

* Predrag Petrovic, «Drugs and placebo look alike in the brain», 2002.

y ni los enfermos ni los médicos que los evaluaban conocían su contenido, siguiendo un modelo de investigación que se conoce como «doble ciego». Tras cuatro semanas de tratamiento, los pacientes volvieron a someterse a otra endoscopia, para ver si la úlcera había sanado. Los resultados mostraron que el 88 por ciento de los pacientes tratados con la nueva medicina, el 66 por ciento de los que recibieron la medicina antigua y ¡el 49 por ciento de los que tomaron placebo se habían curado!*

Los placebos no solo pueden ayudar al enfermo a curar una avería del cuerpo, sino que también pueden aliviar alteraciones del estado de ánimo, como demostró el estudio llevado a cabo por un grupo de investigadores de la Universidad del Sur de California. La mitad de los 728 pacientes que participaron, todos mayores de sesenta años y con un cuadro depresivo, recibió tratamiento con tabletas de sertralina, un eficaz antidepresivo; la otra mitad solo tomó una sustancia inerte en forma de tabletas de aspecto similar. A las ocho semanas había mejorado el 45 por ciento de los enfermos en el grupo de tratamiento activo y ¡el 35 por ciento de los pacientes que tomaron placebo! Además de la cercanía de estos porcentajes, llama la atención el hecho de que tanto los pacientes que tomaron sertralina como los que ingirieron la sustancia inocua se quejaron de los mis-

---

* Frank Lanza, «Double-blind comparison of lansoprazole, ranitidine and placebo in the treatment of acute duodenal ulcer», 1994, y Lon Schneider, «An 8-week multicenter, parallel-group, double-blind, placebo-controlled study of sertraline in elderly outpatients with major depression», 2003.

mos efectos secundarios como mareos, sequedad de boca, somnolencia, dolor de cabeza y náuseas.

El impacto del efecto placebo también afecta a tratamientos quirúrgicos. Por ejemplo, en los años cincuenta del pasado siglo se puso de moda tratar a quienes sufrían dolor por angina de pecho con una operación para ligar sus arterias mamarias, con el fin de aumentar el flujo de sangre al corazón. Sin embargo, diez años y miles de intervenciones más tarde, se llevaron a cabo varios estudios que acabaron con la popular y lucrativa intervención. Estas investigaciones compararon los efectos de esta operación con procedimientos simulados, en los que los cirujanos hacían simples incisiones superficiales en el pecho de los pacientes, ignorantes de si se les había practicado la intervención real o la ficticia. Pues bien, los resultados de la comparación fueron apabullantes, porque revelaron que el 67 por ciento de los pacientes a quienes se practicó la operación real mejoraron, pero ¡el 83 por ciento de los sometidos a la intervención simulada mejoraron igualmente!* Por muchas vueltas que le demos a este fenómeno, el denominador común de los enfermos que sanan por sí mismos es su alto nivel de esperanza de curación.

En lo que se refiere a la longevidad, una consideración importante es el hecho demostrado de que, con independencia de las condiciones de salud física y mental, del estatus socioeconómico, así como del estilo de vida, las muje-

* Grey Dimond y Leonard Cobb, «Comparison of internal mammary ligation and sham operation for angina pectoris», 1960.

res y los hombres que muestran niveles altos de optimismo disfrutan de un 15 por ciento más de vida útil y tienen mayores probabilidades de sobrepasar los ochenta y cinco años de edad.* Estos resultados sugieren que el optimismo puede ser un importante recurso psicosocial para extender la esperanza de vida en la población adulta.

Como ya he dicho en otras ocasiones, todos nacemos con doble nacionalidad: la del país vitalista de la salud y la del estado doloroso de la invalidez. Aunque preferimos usar solo el buen pasaporte, tarde o temprano casi todos nos vemos obligados a declararnos ciudadanos del reino de la enfermedad. Pero ese lugar, inseguro y doloroso, se hace más llevadero si contamos con la confianza, la ilusión, el alivio y la esperanza que nos proporciona la perspectiva optimista.

Bienestar psicológico

En lo que respecta al bienestar psicológico o emocional, lo primero a tener en cuenta es que, para el común de los mortales, lo más importante del mundo es uno mismo. Por eso, los temas que nos resultan más relevantes y emotivos son aquellos que tratan sobre algún aspecto de nuestro *yo* o sobre sucesos que nos afectan personalmente. La preocupación por nuestro *yo* también nos mueve a com-

---

* Lewina O. Lee, «Optimism associated with exceptional longevity in 2 epidemiologic cohorts of men and women», 2019.

partir dudas e inquietudes con amigos comprensivos o, incluso, a recurrir a profesionales de la salud mental. La autoestima es el sentimiento de afecto, más o menos placentero, que acompaña a la valoración global que hacemos de nosotros mismos. Esta autovaloración se basa en cómo percibimos y evaluamos los diversos aspectos de nuestra forma de ser y de nuestra vida. Para ello hemos de sopesar nuestras virtudes y defectos, capacidades y limitaciones, éxitos y fracasos, y demás cualidades que consideramos relevantes para nuestro sano bienestar y satisfacción con la vida en general.

La autoestima positiva saludable se basa en esta valoración de nosotros mismos. No obstante, quiero subrayar que la autoestima alta no es siempre saludable. Este es el caso cuando está basada en tendencias egocéntricas, prepotentes o destructivas, y en talentos que alimentan el sentimiento de superioridad o que se traducen en un ejercicio de supremacía sobre otros. Bastantes personajes diabólicos de la historia no sufrían de baja autoestima, sino todo lo contrario.

Gracias a mi trabajo en medicina y psiquiatría he dispuesto de un escenario ideal en el que observar en directo la habilidad de las personas para contemplarse y ser conscientes de sí mismas. La luz de la conciencia hace posible la introspección, esa habilidad especial que tenemos para asomarnos a nuestro interior y observarnos. Tal capacidad natural nos permite ser simultáneamente actores, espectadores y jueces de nuestras emociones, actitudes y conductas. Casi sin darnos cuenta, llevamos a cabo una buena parte de nuestra introspección por medio de conversaciones privadas con nosotros mismos. Así, en algún momento todos valoramos nuestro físico a través de nuestra lente particular. También evaluamos nuestro temperamento de acuerdo con nuestros ideales o con las normas que establece la sociedad en que vivimos. Dependiendo de los juicios de valor que hagamos nos sentiremos más o menos bien con nosotros mismos. En este sentido resulta verdaderamente fascinante contemplar a niños y niñas construir, paso a paso, el concepto de sí mismos y, una vez adultos, comprobar cómo los juicios de valor, favorables o desfavorables, que forjan de su forma de ser, gobiernan su vida y moldean sus destinos.

En el terreno de la autoestima, los efectos beneficiosos del pensamiento positivo son fáciles de imaginar. La visión optimista nos inclina a contemplarnos y valorarnos favorablemente. Las personas que ven el mundo a través de un cristal que acentúa los aspectos positivos de la naturaleza humana y de la vida en general tienden a mantener una perspectiva esperanzadora ante los desafíos que se cruzan en su camino. Predispuestos a mejorar su condición y superarse, estos individuos favorecen la visión de que «las cosas irán bien», emprenden con confianza proyectos constructivos y alimentan expectativas y metas ilusionantes. La disposición optimista también refuerza la confianza en la eficacia de nuestras funciones ejecutivas —con las que controlamos nuestra agenda o programa de vida—, lo que hace que nos fiemos de nuestra habilidad para conseguir nuestros objetivos.

Situar la fuente de nuestra autoestima fuera de nosotros es arriesgado, nos hace vulnerables. De ahí que otro ingrediente de la perspectiva optimista que favorece la autoestima sea la sensación de controlar el propio programa de vida. Cuando pensamos que vamos sentados en el asiento del conductor, que dirigimos nuestro destino, mandamos sobre nuestras decisiones y gobernamos nuestro día a día, nos sentimos más seguros y contentos que cuando nos vemos impotentes o incapaces de dominar las circunstancias.

La disposición optimista nos inclina a guardar y evocar con preferencia los éxitos del pasado, y tiñe favorablemente la percepción del presente y el futuro. Del mismo modo, nos impulsa a pensar que los triunfos son el resultado de nuestros talentos y habilidades, por lo que nos los merecemos. Y, en cuanto a los errores, nos ayuda a no sobrecargarnos de culpa y a pensar que las consecuencias serán pasajeras. Así pues, el estilo explicativo optimista evita que nos infravaloremos y nos protege de los intentos de los demás para devaluarnos. La autoestima positiva es tan valiosa que la defendemos contra viento y marea, aunque tengamos que minimizar los hechos desfavorables y optar por explicaciones y comparaciones ventajosas.

Proteger la autoestima resaltando los aspectos positivos de uno mismo puede no ser una valoración objetiva, pero nos ayuda a superar las adversidades cotidianas y a mantenernos vinculados al grupo social con el que convivimos, pues las personas que se valoran a sí mismas tienden a sentirse valoradas por los demás.* Por el contrario, el desencanto con uno mismo fomenta el autodesprecio, provoca el aislamiento social y es causa segura de infelicidad.

Es evidente que existe una conexión entre la disposición optimista y la autoestima saludable. Pero eso no es todo: los hombres y las mujeres de cualquier edad que se valoran y aprecian a sí mismos tienden a considerarse razonablemente felices, como demuestran diversos estudios multinacionales sobre autoestima. Hasta un 85 por ciento de sus participantes consideran «Tener una buena opinión de uno mismo», un componente esencial de su dicha.

En conclusión, de todas las opiniones que nos formamos a lo largo de la vida, la más relevante es la que nos formamos de nosotros mismos. Una autoestima favorable, estimulada por la esperanza de alcanzar los fines que nos proponemos y la confianza en nuestro sentido de control sobre la propia vida, y protegida por los buenos recuerdos del pasado y la tendencia a explicar favorablemente los reveses que se cruzan en nuestro camino, constituye un pilar fundamental de nuestro bienestar psicológico y de la satisfacción con la vida. De hecho, el indicador que predice con mayor seguridad el nivel de satisfacción con la vida en general de una persona es su nivel de satisfacción consigo misma.

* Véanse las investigaciones de Shelley E. Taylor.

La vida ofrece incontables situaciones en las que encontrar la dicha. Sin embargo, cuando se pregunta a las personas qué las hace felices, cuatro de cada cinco responden que sus relaciones con las personas que aman, sea cual sea su edad, sexo, nacionalidad o nivel económico. Los individuos emparejados, al igual que quienes forman parte de un hogar familiar o de un grupo íntimo de amistades, expresan un nivel de satisfacción con la vida superior que los que viven solos, sean solteros, viudos, separados o divorciados. El psicólogo Erich Fromm ya nos lo advirtió hace medio siglo en *El arte de amar*: «El ansia de relación es el deseo más poderoso de los seres humanos, la fuerza fundamental que aglutina a la especie. La solución definitiva del problema de la existencia es la unión entre personas, la fusión con otro ser, el amor».

La familia es la institución humana más básica y resistente. Se transforma, pero nunca desaparece. La familia nuclear, reducida, autónoma y migratoria, compuesta tan solo por la pareja y uno o dos hijos, es cada día más frecuente. Entre los nuevos hogares en auge también se encuentran los matrimonios sin hijos, las parejas que habitan juntas sin casarse, los segundos matrimonios de divorciados que agrupan a niños de orígenes distintos, los hogares monoparentales y las uniones homosexuales. La sociedad se inclina a reconocer la legitimidad de estas relaciones diferentes, basadas en la elección libre, en el amor y en el compromiso sellado por sus protagonistas.

Las relaciones estables de cariño no solo constituyen una fuente de satisfacción en la vida, sino que son además un antídoto muy eficaz contra los efectos nocivos de todo tipo de calamidades. Quienes se sienten genuinamente parte de un grupo solidario superan los obstáculos que se cruzan en su camino mucho mejor que aquellos que se sienten aislados, sin una red social de soporte emocional. Esta es la razón por la que, a lo largo de la historia, los seres humanos hayan buscado sin cesar amar y ser amados.

Todos nacemos con la capacidad de amar, pero es durante los primeros años de la vida cuando aprendemos los rasgos concretos de los demás que nos atraen. En esa época moldeamos nuestra disposición hacia los vínculos de amor e intimidad, de acuerdo con nuestro temperamento y con las experiencias que tenemos con otras personas. A medida que crecemos configuramos nuestro propio «mapa del amor», una especie de patrón mental que determina las características de la persona que nos va a cautivar, bien de forma repentina a través de un flechazo, o después de conocernos y tantearnos durante algún tiempo. Este *mapa del amor* incluye aspectos físicos y psicológicos de figuras importantes que ejercieron un vivo impacto sobre nosotros durante la infancia, y se conserva en nuestra memoria autobiográfica. Gracias a esta representación mental particular nos sentimos atraídos por una persona determinada y no por otra. Por fortuna, la variedad de gustos, además de minimizar las rivalidades por conseguir a una misma pareja, favorece la diversidad biológica y, por tanto, la conservación de la especie.

El significado que les damos a las relaciones íntimas también se configura durante el desarrollo, y está influido por las experiencias que tuvimos con nuestros padres y con otras personas importantes de nuestro medio social durante nuestro crecimiento. Este significado particular se va a manifestar en nuestras expectativas y conductas en el entorno de pareja, familiar y social.

Las relaciones amorosas están en continuo proceso de cambio y adoptan formas diversas, dependiendo de la evolución de la personalidad de cada uno y de los avatares de la vida. De hecho, el cambio de talante de quien participa en una relación, aunque sea positivo, a menudo requiere el reajuste de todos los miembros del grupo, como he podido constatar numerosas veces durante mi larga práctica profesional. Así, cuando una persona habitualmente reservada y tristona se convierte en alguien más abierto y vitalista, este cambio suele desequilibrar las relaciones cercanas, al menos por un tiempo, y requerir una adaptación por parte del grupo.

Sean de pareja, familiares o de amistad, todas las relaciones cercanas requieren mantenimiento; necesitan ser afinadas y renovadas para adaptarse a los cambios, mantener la armonía, y para resolver las exigencias y tensiones que van surgiendo. Estos ajustes permiten responder de manera constructiva a las vicisitudes, esperadas o inesperadas, positivas o negativas, que aparecen con el tiempo. Es indudable que las buenas relaciones están reñidas con la apatía y el negativismo; exigen entusiasmo para escucharse y comprenderse, flexibilidad para aceptar que cada uno es único e individual, esfuerzo para ponerse en el lugar del otro, y saber compaginar las necesidades de dependencia y autonomía mutuas.

La perspectiva optimista suele facilitar la estabilidad de las relaciones. Está demostrado que las personas optimistas generalmente están de acuerdo con afirmaciones como «Me resulta fácil acercarme a los demás y me siento cómodo dependiendo de ellos» o «No me incomodo cuando otros se acercan a mí, o dependen de mí».* Esto explica que les agrade la perspectiva de involucrarse en relaciones íntimas que requieran dependencia mutua. En el extremo opuesto se encuentran los que guardan las distancias por desconfianza o, simplemente, por «no complicarse la vida».

La esperanza activa, que, como hemos visto, constituye un ingrediente básico del optimismo, también juega un papel fundamental en las relaciones entre las personas. A menudo, dos individuos se atraen porque comparten algún interés, actividad o deseo y, a medida que se conocen mejor y se sienten más compenetrados, tratan de programar y compaginar sus prioridades y metas. Para las parejas que miran hacia el futuro, la esperanza es el principal carburante que mueve la relación y la impulsa a superar los obstáculos que se interponen en el camino.

Aparte de las ilusiones globales que puedan alimentar sobre el porvenir a largo plazo, las parejas también mantie-

* Michael B. Sperling y William H. Berman, *Attachment in Adults: Theory, Assessment and Treatment*, 1994.

nen una esperanza activa basada en la fuerza de voluntad que invierten en conseguir objetivos concretos, desde resolver una desavenencia que surge en un momento dado hasta comprarse un piso o tener un hijo. Las parejas que programan su proyecto de vida conjuntamente, y se sienten capaces de enfrentarse y de luchar contra las circunstancias adversas, perseveran con tesón ante los problemas. Desde un punto de vista práctico, es evidente que cuanto más se persiste en la búsqueda de una solución, más altas son las probabilidades de encontrarla, en caso de que esta exista.

Cuando los miembros de una relación explican con un estilo optimista los sucesos que les afectan, tienden a disfrutar de mayor estabilidad y perduran más que aquellas uniones en las que predomina el estilo explicativo negativo. Está demostrado que la propensión a encontrar explicaciones optimistas a los reveses da lugar a relaciones más felices.* Al parecer, la forma de comunicarse que usan las personas antes de emparejarse pronostica la suerte de sus relaciones: cuanto más optimista sea el estilo explicativo de los individuos que forman la pareja, mejores auspicios para su unión.

Veamos, por ejemplo, el caso de Nuria y Antonio. Un día, ella regresa del trabajo a casa más tarde de lo habitual. Aunque está preocupado, su marido no duda en aceptar la explicación de Nuria: «Había más tráfico de lo normal»

* Frank D. Fincham, «The longitudinal relation between attributions and marital satisfaction», 2000.

—un motivo que no culpabiliza a nadie por el retraso e implica una causa circunstancial—. Como resultado, la demora tiene un impacto mínimo y pasajero en la relación. Si, por el contrario, Antonio hubiese optado por elaborar su propia interpretación del retraso, recriminando a Nuria: «Solo piensas en ti misma y lo único que te importa es tu trabajo» —una explicación que implica intencionalidad y una causa más permanente—, lo más probable es que el contratiempo hubiese degenerado en una amarga discusión.

Esto no quiere decir que sea preferible negar o quitar importancia a las causas reales de desacuerdos o enfrentamientos. Todo lo contrario: en estos casos, reconocer y analizar la verdadera magnitud del problema a menudo es el primer paso para entenderlo, afrontarlo y resolverlo. El optimismo no está reñido con la aceptación de los problemas reales o los aspectos negativos de una situación desafortunada, pero sí lo está con la pasividad y el rechazo absoluto de cualquier estrategia que pueda ayudar a resolver los problemas o a mejorar la situación.

El hogar familiar constituye también el ambiente social más pródigo en contrastes. Por un lado, es el epicentro de la seguridad, la generosidad y la comprensión, y, por otro, el escenario donde se libran los conflictos más amargos entre las personas.

A la hora de resolver las desavenencias cotidianas que se generan en las relaciones humanas, una cualidad muy útil es la capacidad de perdonar. Aunque negarse a disculpar traiciones y crueldades es una característica humana muy común, ante los mismos agravios, cuanto más optimista es la persona, mayor es su inclinación a perdonar. Para ello cuentan sin duda con el olvido selectivo de las heridas de la vida, un verdadero regalo de la memoria optimista. Es fácil entender que olvidar alivia la tristeza por la pérdida de un ser querido, pero además nos ayuda a pasar por alto los agravios y a recuperar el entusiasmo. Distanciarse de un ayer penoso facilita el restablecimiento de la paz interior y anima a «pasar página» y abrirse de nuevo al mundo. Por su parte, quienes arrastran las cicatrices de fracasos o infortunios inolvidables tienen que concentrarse en explicarlos y entenderlos desde una perspectiva más lejana, menos personal, más amplia. Por ejemplo, aceptar que el sufrimiento y los fracasos son parte inevitable de la vida.

Las personas que no perdonan las provocaciones, los rechazos o los errores cotidianos suelen vivir obsesionadas con las pequeñas ofensas de la pareja, de familiares o de amigos. Por eso terminan amargadas, aisladas y ofuscadas con los ajustes de cuentas, por lo que no consiguen reconciliarse y recuperar la paz interior. Mejores son las perspectivas de quienes hacen las paces con el pasado, por penoso que haya sido, pues se liberan, se reponen y controlan mejor su destino. Además, benefician su salud física al fortalecer su sistema inmunológico.

La inmensa mayoría de los seres humanos llega al altar o al juzgado con los depósitos de amor, de confianza y de ilusión a tope. Sin embargo, el paso del tiempo debilita muchas de estas relaciones de pareja, cuando no las vuelve decididamente anémicas. Su vitalidad inicial se va apagando y en su lugar se instalan la indiferencia, el aburrimiento, la enemistad y el dolor. Esto es bien cierto en los países industrializados, donde entre un 30 y un 50 por ciento de los matrimonios terminan en separación, divorcio o anulación.

La mayor parte de las personas considera que disfrutar de una relación amorosa es paso esencial para lograr la felicidad. Pero, por la misma regla de tres, muchas parejas no soportan una relación enferma, transformada en fuente permanente de desdicha. Con todo, la decisión de romper no se suele tomar precipitadamente, en un brote repentino de desesperación, sino que es el resultado del resentimiento crónico que crean la competitividad, los pulsos de poder, las humillaciones y las acusaciones, crueles y venenosas, entre los cónyuges.

Enterrar una relación en la que nació, creció, habitó y murió el amor es siempre una prueba espinosa, un trance angustioso. Las rupturas tienen muchos de los componentes de una tragedia humana, pero gran parte del sufrimiento que ocasionan es un signo saludable de supervivencia y de desafío a la apatía y al fatalismo. Cuando observamos de cerca la resignación al sufrimiento que adoptan algunas parejas profundamente desdichadas, casi siempre detectamos en los protagonistas una perspectiva de la vida negativa y perdedora. Quienes ignoran o se resignan a soportar una unión vacía, aburrida, seca, fingida y sin amor, terminan pagando su derrotismo con su felicidad.

Los efectos traumáticos de la separación son menos severos para las personas con un alto nivel de optimismo.

Es razonable pensar que los separados o divorciados que superan mejor el miedo y la duda de su situación son aquellos que tienden a no olvidar los buenos recuerdos de otras relaciones anteriores, se fijan en los aspectos más favorables de sus circunstancias actuales y deciden invertir esperanzados en un futuro mejor. Su optimismo les sirve a estas personas para reforzar su sistema inmunológico, precisamente en momentos bajos, cuando tienen mayor predisposición a sufrir enfermedades físicas y emocionales, como hipertensión, trastornos digestivos, ansiedad y depresión.

Todas las parejas buscan explicaciones que les ayuden a entender la ruptura, pero el resultado de este proceso va a depender en gran parte de su interpretación de lo sucedido. Hay personas que se condenan a sí mismas, mientras que otras imputan al cónyuge o culpan a circunstancias externas irremediables. Pero todas construyen, poco a poco, su propia explicación. Tanto si la historia se ajusta a los hechos como si se trata de meras racionalizaciones o excusas, este proceso es indispensable para poder superar los sentimientos normales de fracaso. Quienes tienden a elaborar explicaciones que minimizan su culpa, limitan el impacto de la ruptura en su vida y fomentan la recuperación. Gracias a ello, suelen experimentar antes el deseo de volver a empezar y de explorar nuevas relaciones. Por el contrario, aquellos que explican el derrumbamiento de su matrimonio culpándose a sí mismos, y dan por hecho que los efectos de la ruptura serán permanentes y devastadores en todas las esferas de su vida, acaban teniendo más dificultades para volver a empezar.

Imaginemos, como botón de muestra, a un hombre cuya prometida le ha dejado, tras varios años de relación. Si atribuye la ruptura al miedo de su novia al compromiso matrimonial, y deduce que la separación no solo le ha salvado de un emparejamiento desdichado con una mujer insegura, sino que le ha abierto las puertas para buscar una relación más feliz, se mantendrá esperanzado. Sin embargo, si nuestro protagonista achaca la causa de la ruptura a su mal carácter y deduce que la separación indica que él no vale la pena como persona, por lo que nunca se casará ni tendrá hijos como desea, se sentirá en extremo desesperado.

No cabe duda de que la tendencia a pasar página que suele acompañar a la perspectiva optimista también ayuda a superar las secuelas de las rupturas. El resentimiento enquistado mantiene a muchas personas prisioneras de por vida en el escenario del sufrimiento pasado, amarradas al pesado lastre que supone la identidad de víctima, e incapaces de liberarse y comenzar un nuevo capítulo de su vida. Se acostumbra a pensar que el perdón requiere un intercambio, cara a cara y sincero, entre el ofendido dispuesto a perdonar y el ofensor que se arrepiente. Sin embargo, para muchos separados o divorciados agraviados, este careo no es posible. En estos casos el perdón se logra a solas, en silencio. Perdonar no implica negar, justificar u olvidar las agresiones pasadas; se trata de explicarlas desde una perspectiva menos personal y aceptar que los fracasos, las incompatibilidades y los enfrentamientos son parte inevitable de esa odisea que es la vida.

La mayoría de los adultos dedicamos una gran parte del tiempo a trabajar. Aunque según el Génesis ganarse la vida a duras penas fue el castigo impuesto por Dios a los mortales por el pecado original de Adán y Eva, lo cierto es que el trabajo es un escenario donde mucha gente encuentra satisfacción, sobre todo cuando se trata de ocupaciones gratificantes que nos estimulan, presentan un desafío superable y nos permiten emplear nuestras aptitudes intelectuales, artísticas o físicas. Es verdad que abundan los hombres y las mujeres que consideran sus ocupaciones un deber muy duro, pero también son numerosos los individuos para quienes el trabajo es una actividad constructiva, estimulante y hasta creativa. En este amplio batallón se encuadran los que ven su empleo no solo como la forma de obtener los medios para la subsistencia, sino como algo que añade satisfacción y significado a su vida, y es parte importante de su identidad personal y social.

Compaginar la familia con los intereses y proyectos profesionales es un difícil desafío para un creciente número de madres y padres trabajadores. Con todo, los progenitores que mantienen un buen equilibrio entre familia y ocupaciones disfrutan más de sus hijos que quienes se sienten atrapados bien en casa, bien en el trabajo.*

* Grace Baruch y Rosaline Barnett, «Role quality and psychological well-being in midlife women», 1986.

Estas familias permiten a los pequeños crecer con completa normalidad, siempre que no les falte afecto y seguridad.

Además de aptitud y motivación, para disfrutar y tener éxito en el trabajo es importante contar con un nivel razonable de optimismo. Esto obedece a que la disposición a considerar las cosas de manera favorable ayuda a confiar en la propia competencia, a poner empeño en la labor y a no rendirse ante las dificultades.

El psicólogo Martin Seligman, pionero del estudio científico de la perspectiva optimista, ilustró sus beneficios en un experimento realizado hace ya cuatro décadas, hoy considerado clásico. Miles de aspirantes a vendedores de pólizas de seguros de la empresa Metropolitan Life realizaron dos pruebas: la de aptitud para vendedores y otra de personalidad, que medía el grado de optimismo. Como resultado, se contrataron mil doscientos, que se dividieron en tres grupos.

El primero, conocido por «los optimistas», consistía en quinientos candidatos que habían aprobado el examen de aptitud y, de acuerdo con el test de personalidad, eran optimistas. El segundo grupo lo formaban «los pesimistas», otros quinientos aspirantes que también habían pasado la prueba de aptitud, pero tenían una personalidad pesimista. El tercer grupo, denominado «los comandos especiales», lo integraban doscientos candidatos que habían suspendido la prueba de aptitud para vendedores, pero que mostraban niveles muy altos de optimismo en el test de personalidad.

Dos años después, los directivos de Metropolitan Life compararon la productividad de los tres grupos. Los resultados revelaron que los más productivos fueron «los comandos especiales». Estos superoptimistas, cateados en el examen de aptitud, aventajaron en venta de pólizas al grupo de «los optimistas» en un 26 por ciento y al de «los pesimistas» en un 57 por ciento. Al parecer, el éxito de los vendedores de talante altamente optimista obedecía sobre todo a su mayor persistencia en la labor, y a su fuerte resistencia a rendirse ante los rechazos de los posibles compradores. Desde entonces, el célebre *optimismómetro* de Seligman forma parte del proceso de selección de vendedores de seguros de esta compañía.

En el ámbito laboral, el temperamento optimista alimenta en las personas la esperanza de conseguir sus objetivos, la confianza en sus capacidades, la conciencia de sus logros pasados y las explicaciones positivas de las vicisitudes que van surgiendo. Los hombres y las mujeres que encuentran aspectos favorables en sus ocupaciones se sienten más satisfechos que quienes se centran en las facetas desfavorables. No hay duda de que un trabajo gratificante fomenta en nosotros la autoestima y estimula el sentido de la propia competencia.

La cuidada selección de personal que hacen las grandes empresas no solo valora la preparación y experiencia. Entre las características personales más deseables está la disposición positiva, que se refleja en una buena dosis de confianza en sí mismos y en la mentalización de que el éxito está en sus manos. Este talante también se muestra en el espíritu emprendedor ante las exigencias de sus cometidos, y en una buena disposición para trabajar en equipo.

Las personas optimistas que hacen frente a los avatares del mundo laboral con una disposición abierta y confiada tienden a dar un «¡Sí!» decidido y firme a las propuestas y oportunidades que se les presentan, y funcionan muy bien en ocupaciones que requieren trabajar en equipo o relacionarse con clientes. Son empleados que atribuyen sus éxitos a su propia competencia, por lo que se sienten más orgullosos de sus logros que quienes los atribuyen a la suerte o a la ayuda de otros. Por si fuera poco, cuando fallan en algo se sienten menos avergonzados, porque culpan a la mala suerte o a las circunstancias. En general, los empleados optimistas son más populares y suelen ocupar puestos de trabajo y cargos superiores.

Las personas que esperan conseguir aquello a que aspiran tienden a trabajar más y más tiempo que quienes no cuentan con alcanzar sus objetivos. Investigaciones sobre la confianza de las personas en su capacidad para solucionar problemas en el trabajo demuestran que quienes albergan expectativas positivas son más eficaces ante los problemas, porque se crecen ante las dificultades. Por el contrario, los que esperan fracasar tienen más probabilidades de hacerlo, ya que el pensamiento negativo ante tareas complicadas predispone a cometer errores.

No puedo pasar por alto a esos críticos del optimismo que lo equiparan a la falta de realismo. Para ellos, en situaciones de emergencia, más que una perspectiva positiva lo que hace falta en la cabina del piloto es una visión realista.

Insisten también en que hay situaciones en las que es preferible retirarse a tiempo o cambiar de rumbo, antes que insistir en avanzar por el mismo camino, animados por ilusiones vanas. Es innegable que el director de finanzas de una compañía o el ingeniero encargado de la seguridad de una planta nuclear necesitan, respectivamente, tener una noción correcta de la inversión que la compañía puede permitirse y conocer a fondo el nivel de peligrosidad del reactor atómico en todo momento. Pero es asimismo incontestable que la prudencia, la objetividad y la precisión son cualidades importantes para su cometido, y estos atributos son perfectamente compatibles con la perspectiva optimista.

Sin duda, es conveniente sopesar los posibles riesgos y mantener una dosis razonable de conciencia, con el fin de tomar decisiones sensatas. No obstante, el realismo que se centra en las probabilidades de fracaso conlleva el alto precio de la desmoralización y la indolencia, mientras que el realismo esperanzador constituye una visión que contribuye a superar situaciones adversas en las empresas y alimenta la persistencia de los empleados ante las dificultades.*

Cuando se analiza la relación entre optimismo y trabajo, el optimismo que mejor funciona es el que promueve la disposición esperanzada que se ajusta a la realidad. Los soñadores idealistas, que no distinguen entre las metas al-

* Daniel Kahneman y Dan Lovallo, «Timid choices and bold forecasts», 1993.

canzables y las imposibles, o no evalúan correctamente el riesgo de sus decisiones, pueden llegar a conclusiones equivocadas en sus juicios. En este sentido, quizá la estrategia a seguir en situaciones inciertas o peligrosas sea esperar lo mejor y prepararse para lo peor.

El poder de la ilusión que alimenta la esperanza es evidente en el siguiente relato de un suceso verídico.* Durante unas maniobras militares en Suiza, un joven teniente de un destacamento húngaro en los Alpes despachó a un pelotón de soldados a explorar una montaña helada. Al poco rato comenzó a nevar intensamente y dos días más tarde la patrulla aún no había regresado. El teniente pensó, angustiado, que había enviado a sus hombres a la muerte. Sin embargo, al cuarto día, los soldados regresaron al campamento. «¿Qué os ha ocurrido? ¿Cómo lograsteis volver?», les preguntó el oficial, y le respondieron que se habían perdido totalmente y, poco a poco, se fueron descorazonando hasta que uno de ellos encontró un mapa en su bolsillo. Esto los tranquilizó. Entonces esperaron a que pasara la tormenta y, valiéndose del mapa, dieron con el camino. El teniente estudió con interés el providencial plano y descubrió con asombro que no era un mapa de los Alpes sino de los Pirineos. En realidad, el plano no había servido para guiar a los soldados, sino para avivar en ellos la esperanza y la confianza que les impulsó a enfrentarse al temporal y salir del trance.

* Publicado por Karl Weick en *Making Sense of the Organization*, 2001.

Independientemente de lo contentos que nos sintamos en el trabajo, la pérdida inesperada del empleo supone siempre un duro golpe para nuestro estado de ánimo. A menudo, interpretamos el despido como un fracaso personal. Además del impacto que pueda tener en nuestra seguridad económica, el cese involuntario hiere la autoestima, y plantea un reto a la confianza y al sentido de control que tenemos sobre la propia vida. Con el tiempo, la inactividad continuada se puede convertir también en un motivo de amargura y desesperación.

Las personas con optimismo alto superan mejor la crisis del despido. Para empezar, suelen explicar su situación culpando a causas ajenas o transitorias, lo que las protege de los sentimientos de incompetencia o desmoralización. Como esperan encontrar un nuevo trabajo, lo buscan con más tesón, algo que a su vez aumenta las probabilidades de encontrarlo. En el mismo sentido, la perspectiva optimista ayuda a superar la ansiedad que frecuentemente acompaña a la jubilación forzosa, sobre todo cuando el empleo constituyó la fuente principal de gratificación personal y de reconocimiento social. Para muchos jubilados, acostumbrados a un trabajo cotidiano, sobre todo si viven solos —situación cada día más común—, la jubilación supone un retiro involuntario de la vida. En esta etapa de la existencia, las personas jubiladas optimistas buscan con más facilidad posibles actividades alternativas que les permitan participar en proyectos, ampliar su formación, potenciar sus habilidades o contribuir a causas relevantes. Esto es realmente una ventaja, porque estas actividades tienen la virtud característica de ser una fuente importante de satisfacción.

El ocio se revaloriza cada día más a medida que se prolonga la duración de la vida, la tecnología permite reducir el número de horas laborables y aumenta notablemente el tiempo libre a causa de la jubilación anticipada. Las tareas recreativas que eligen las personas dependen de su disposición temperamental, sus gustos, del ambiente ecológico y social en el que viven y de los medios a su alcance. En estas circunstancias, un ingrediente muy útil del pensamiento positivo es localizar el centro de control dentro de uno mismo, lo que nos motiva a emprender con confianza proyectos constructivos e ilusionantes. La disposición optimista también nos ayuda a confiar en nuestras funciones ejecutivas, con las que controlamos nuestra agenda, y en nuestra habilidad para practicar las actividades que nos proponemos.

Con independencia de que persigamos aventuras emocionantes o prefiramos tareas tranquilas o de introspección, las ocupaciones más gratificantes suelen ser aquellas que nos plantean un desafío superable, nos abstraen y nos conectan con aspectos de la vida que consideramos importantes. El efecto protector de nuestra autoestima que ejercen las ocupaciones se vuelve más significativo cuando, a través de ellas, expresamos nuestra creatividad y llevamos a la práctica nuestras habilidades y valores. Para muchos, la parte más gratificante de sus actividades es la oportunidad de relacionarse y compartir su tiempo con otras personas, ya sean familiares, amigos o compañeros de profesión.

Cuando consideramos en conjunto los beneficios del trabajo y las ocupaciones para nuestro bienestar psicológico y social, enseguida comprobamos, de primera mano, las ventajas de vivir inmersos en la laboriosidad. Este pensamiento me recuerda la frase de la célebre filósofa francesa Simone de Beauvoir: «La solución es fijarnos metas que den significado a nuestra existencia, esto es, dedicarnos desinteresadamente a personas, grupos o causas. Sumergirnos en el trabajo social, político, intelectual o artístico, y desear pasiones que nos impidan cerrarnos en nosotros mismos. Apreciar a los demás a través del amor, de la amistad, de la compasión. Y vivir una vida de entrega y de proyectos, de forma que podamos mantenernos activos en un camino con significado, incluso cuando las ilusiones hayan desaparecido».*

PROFESIONES DE LA SALUD

Permitidme, queridos lectores y lectoras, que comparta unos pensamientos sobre mi mundo del trabajo. Estoy convencido de que la disposición optimista es requisito fundamental para cualquiera que esté interesado en la práctica de la medicina y demás profesiones de la salud.

Desde la más remota antigüedad, los médicos, entonces llamados chamanes o hechiceras, inventaban remedios y sortilegios gracias a su imaginación, y se valían de su po-

---

* Simone de Beauvoir, *La vejez*, 1970.

der de persuasión para estimular la esperanza en sus clientes, la auténtica clave de que sus tratamientos surtieran el efecto deseado. Y es que, al margen de algunas hierbas medicinales, la realidad es que hasta finales del siglo xix se sabía muy poco sobre remedios para las enfermedades y aún menos sobre sus causas. Recordemos, como botón de muestra, que la penicilina, el primer antibiótico de uso generalizado, fue descubierta por el bacteriólogo escocés Alexander Fleming en 1928.

En mi opinión, no hay nada más fascinante que el funcionamiento del cuerpo humano. Aun así, la tarea de los profesionales de la salud no es tanto admirar las maravillas del organismo lozano como auxiliar a personas que sufren, física y mentalmente, los efectos de sus averías. Pocas condiciones provocan en las personas sentimientos tan angustiantes de vulnerabilidad e indefensión como las enfermedades. Por ello, la natural compasión hacia el dolor ajeno y la empatía, o capacidad de ponernos en las circunstancias de los demás, hacen que los médicos y sus colegas sanitarios inevitablemente se vean afectados por el contagioso estrés de sus pacientes. En estas situaciones, la perspectiva optimista se convierte en un protector muy útil.

Todos o casi todos los hombres y mujeres que decidimos un día dedicarnos a la medicina descubrimos muy pronto los beneficios del optimismo. Para empezar, durante nuestros años de aprendizaje necesitamos una buena dosis de pensamiento positivo, pues somos conscientes del peaje que los enfermos se ven obligados a pagar como consecuencia de nuestra impericia. En estos casos las racionalizaciones optimistas son imprescindibles para el médico principiante y, desde luego, para el enfermo, si es consciente de su riesgo.

La premisa «La experiencia es la madre de la ciencia» no es solo válida en el campo de la medicina, pues también se aplica a muchas otras profesiones en las que la práctica es la clave para dominar el oficio, como pilotos, bomberos, ingenieros, inversionistas, farmacéuticos, arquitectos, abogados, policías o conductores de vehículos, por citar unas pocas. En todas ellas, el necesario período de aprendizaje implica un riesgo para el propio profesional y, sobre todo, para sus confiados clientes. Cuando nos hallamos en una situación de este tipo, la mejor receta es abundante pensamiento positivo junto con una generosa ración de prudencia.

Poner en perspectiva el sufrimiento del paciente es fundamental para que el tratamiento sea eficaz, pues permite al médico mantener la objetividad necesaria para evaluar con lucidez su situación. Sin embargo, es igualmente importante que esta perspectiva objetiva no obstaculice la capacidad del facultativo de transmitir al doliente su confianza y su solidaridad, con el objetivo de derrotar juntos al enemigo común, la enfermedad.

Cuando la expectativa positiva del enfermo se complementa con la comunicación implícita de confianza por parte del galeno, la posibilidad de que el paciente responda al tratamiento aumenta. Numerosos estudios demuestran que cuando los médicos están convencidos de que sus técnicas son eficaces y comunican su esperanza a los pacientes, se suman las expectativas positivas del médico y las del paciente, y aumentan las posibilidades de mejoría incluso en respuesta a una sustancia inerte o placebo.*

Otro beneficio de la disposición optimista en medicina es que alimenta la motivación del facultativo para tratar con esperanza a enfermos incurables o muy graves. El talante optimista también ayuda a los especialistas en enfermedades de alta mortalidad —por ejemplo, los oncólogos— a no caer en la desmoralización cuando los resultados de sus intervenciones son, previsiblemente, pobres. El optimismo protege a estos médicos del reparo natural a involucrarse con enfermos de alto riesgo. Esto es positivo, pues la verdadera utilidad de los profesionales de la salud es evidente en especial cuando prestan sus servicios con independencia de las posibilidades de cura del paciente.

En este sentido, una de las situaciones en las que la actitud positiva del médico se pone más a prueba es ante los enfermos incurables. En la última década se ha generalizado la conciencia de que es importante evitar la conspiración de silencio, disimulo y engaño que a menudo rodea a estos pacientes. Como consecuencia, cada día es más común que el médico informe al enfermo del terrible diagnóstico. En esta situación, la información más beneficiosa es la que explica el problema de una forma clara y completa, además de incluir las opciones para tratar la dolencia y

* Richard Gracely, *et al.*, «Clinicians expectations influence placebo analgesia», 1985.

atenuar sus efectos, con una actitud comprensiva y esperanzadora.

Esto me recuerda a Manuel, un buen amigo de mi edad que durante varios meses estuvo aquejado de una tos muy rebelde. Un día me pidió que le acompañara a una cita con el especialista para informarse del resultado de una biopsia de pulmón que le habían hecho. Una vez en la consulta, el médico le invitó a sentarse y, con voz tranquila y firme que transmitía afecto y seguridad, le dijo: «Manuel, es cáncer. Lo siento, pero tenemos suerte porque el tumor es aún pequeño. Tengo un plan de tratamiento que da buenos resultados en el 50 por ciento de los casos como el tuyo. Si te parece bien, lucharemos juntos». Como era de esperar, mi amigo tuvo que superar un doloroso período de rabia, desesperanza y miedo, pero no tardó en recuperar las ansias de vivir, lo que le motivó a participar con optimismo en un duro régimen de quimioterapia y a perseguir durante cuatro años con tenacidad la curación. Aunque sucumbió finalmente al cáncer, días antes de morir Manuel me confesó que se sentía orgulloso de su lucha y contento por haber logrado prolongar su vida. Sus últimos años, me dijo, le habían dado la oportunidad de cerrar viejas heridas y descubrir en él mismo fuerzas y cualidades que hasta entonces habían permanecido ocultas.

Es evidente que el optimismo es ingrediente esencial para practicar la medicina y demás ciencias de la salud. Esta visión de la existencia se manifiesta en palabras, sentimientos y actitudes, y el profesional la transmite con confianza, ánimo y solidaridad, lo que a su vez provoca en los pacientes seguridad, esperanza y motivación para luchar contra la enfermedad.

LIDERAZGO POLÍTICO

Las personas que dicen estar comprometidas con alguna ideología política muestran niveles más altos de optimismo que quienes se consideran apolíticas.* Es razonable pensar que las intrigas y los retos que se plantean continuamente en el ajetreado mundo de la política atraen con frecuencia a los optimistas, pero también hay personas que, sin serlo, extraen energía positiva de su participación activa en causas de interés público.

La esperanza y la confianza son ingredientes de la disposición optimista que los líderes sociales usan eficazmente ante coyunturas adversas. Recordemos, sin ir más lejos, la larga y difícil lucha por la igualdad de derechos de la minoría de raza negra en Estados Unidos. Las conmovedoras palabras de Martin Luther King, Jr., el carismático líder de este movimiento pacífico, propagaron mejor que ninguna otra cosa su sentimiento esperanzador: «Tengo un sueño...», afirmó el 28 de agosto de 1963, en la multitudinaria manifestación de protesta que tuvo lugar en Washington. «... Sueño que un día esta nación se levantará y vivirá el verdadero significado de su credo: "Afirmamos que todos

* William Dember, «The optimism-pessimism instrument: Personal and social correlates», 2001.

los hombres son creados iguales". Sueño que un día, en las rojas colinas de Georgia, los hijos de los antiguos esclavos y los hijos de los antiguos dueños de esclavos se sentarán juntos a la mesa de la hermandad. Sueño que un día mis cuatro hijos vivirán en un país donde no serán juzgados por el color de su piel, sino por su carácter... Esta es nuestra ilusión. Esta es la fe con la que esculpiremos la roca de la esperanza en la montaña de la desesperación. Con esta fe podremos transformar el sonido discordante de nuestra nación en una hermosa sinfonía de fraternidad...»

Hoy las prácticas discriminatorias racistas, aunque no han desaparecido, son universalmente condenadas y juzgadas inaceptables.

Hace unos años se diseñó una técnica para calcular el nivel de optimismo de las personas analizando el contenido de su lenguaje hablado y escrito. La originalidad de este método consistía en que permitía evaluar el nivel de optimismo estudiando las declaraciones de las personas, sin tener que acudir, como se hacía antes, a pruebas psicológicas o entrevistas personales.* Utilizando este análisis de contenido se estudió la relación entre la disposición optimista de los candidatos a presidente de Estados Unidos y el resultado de las elecciones. Los resultados mostraron que los políticos optimistas tienen varias ventajas: una es que son más activos, participan en más actos electorales y reac-

* Las únicas excepciones de la regla que da ventaja al candidato más optimista en Estados Unidos fueron las elecciones presidenciales de 1932, 1936 y 1940.

cionan más rápido a las situaciones imprevistas. Además, sus explicaciones transmiten sentimientos de esperanza y seguridad ante las crisis y los retos. Por todo ello es razonable pensar que los votantes tienden a favorecer a los candidatos optimistas, ya que los persuaden de que resolverán los problemas del país.

Otro grupo de expertos en lenguaje analizaron y puntuaron los discursos de candidatos a la presidencia de Estados Unidos desde 1900 hasta 1984, sin conocer *a priori* la identidad de los oradores. Los resultados revelaron que los dieciocho candidatos considerados más optimistas por los investigadores, en las veintidós elecciones que se realizaron durante este período, fueron elegidos presidentes. Conclusión: el electorado prefirió al aspirante más optimista en el 82 por ciento de los comicios.

Por primera vez, el contenido de los discursos de los políticos había servido para predecir, con gran fiabilidad, el resultado en las urnas. El optimismo de los pretendientes a ocupar la Casa Blanca en Washington se reflejaba en el texto de sus intervenciones. Por ejemplo, ante problemas complejos decían ver su causa y su solución.

Las declaraciones de estos aspirantes optimistas también se distinguían porque en ellas no asumían responsabilidad personal por los fracasos de sus políticas, sino que los achacaban a circunstancias incontrolables, a fuerzas destructivas ajenas o a enemigos malévolos. Sin embargo, ante los acontecimientos favorables, aunque fuesen fortuitos, tendían a afirmar que los beneficios serían perdurables y moldearían muchas facetas del bienestar económico y social de la nación. Tampoco dudaban en apuntarse casi todos los méritos cuando las cosas venían bien dadas. Les bastaba proclamar que esos hechos imprevistos eran fruto de un plan concebido por ellos, o por su partido, lo que les hacía dignos de la recompensa de los votantes.

Animados por estos descubrimientos, los investigadores decidieron utilizar el mismo termómetro del optimismo para pronosticar los resultados de las elecciones a la presidencia. Y sus predicciones fueron sorprendentemente correctas. Los triunfos electorales de Bill Clinton, en 1992 y 1996, George W. Bush, en 2000 y 2004, y Barack Obama, en 2009 y 2013, también fueron vaticinados con acierto utilizando este mismo sistema.

Es evidente que los líderes políticos optimistas tienen ventaja. Como sugería el dramaturgo irlandés George Bernard Shaw, hace algo más de un siglo, «A los políticos de antes les bastaba con saber adular a reyes y emperadores; los de ahora tienen que aprender a fascinar, entretener, camelar e ilusionar a los votantes».* Hoy los expertos en campañas electorales saben que el optimismo importa. Por eso, cada día resulta más difícil estar seguros de que la apariencia optimista de los políticos refleja verdaderamente su temperamento. Además, los especialistas en imagen pueden amañar, con relativa facilidad, la fachada de la personalidad de cualquier personaje que se lo proponga, por lo menos durante un período de tiempo. Como consecuencia, el optimismo ficticio y engañoso en gobernantes de

---

* George Bernard Shaw, *The Revolutionist's Handbook*, 1903.

sensatez cuestionable es una posibilidad real preocupante y hasta peligrosa.

Como inciso, queridos lectores y lectoras, os diré que resulta reconfortante el hecho de que los ciudadanos tengan la última palabra en el espectáculo electoral de las democracias. Pese a que en la historia de los pueblos encontramos líderes electos que resultaron ser pilotos desastrosos, todavía no se ha inventado nada más fiable que la sabiduría del pueblo. Este pensamiento me hace recordar una interesante anécdota del científico inglés Francis Galton, publicada en 1907 en la revista *Nature*. Galton relata en este escrito la experiencia que tuvo en un concurso de peso de ganado, en la Feria de Ganadería de Plymouth. Cuenta que un buey corpulento había sido seleccionado para la competición, y estaba expuesto ante un numeroso grupo de asistentes ansiosos por adivinar, en una pequeña apuesta, el peso del animal. Unas ochocientas personas compraron por seis céntimos un boleto numerado, en el que escribían su nombre y las libras que calculaban que pesaba la res. Unos eran expertos en ganado mientras que otros eran simples visitantes de la feria, sin conocimiento del tema. Una vez recogidas las papeletas, el juez anunció que el peso del buey era 1.198 libras (543 kilos). Desafortunadamente no hubo premio, pues ninguno de los apostantes se había aproximado a esta cifra. Galton recogió todas las papeletas y sacó la media de los pesos que habían calculado todos los participantes. El resultado le impresionó: 1.197 libras. La opinión de la gente, en su conjunto, había sido la más acertada.

Los entusiastas de algún deporte suelen tener un nivel alto de optimismo. Sin embargo, aún no se sabe si esta relación es una coincidencia o se trata de una conexión causa-efecto. Concretamente, desconocemos si la afición al deporte estimula el pensamiento positivo en las personas, o es el talante positivo lo que predispone a las personas a practicar o seguir de cerca algún deporte.

Entender cómo influye el optimismo en el mundo de los deportes nos puede ayudar para moldear nuestra disposición a enfrentarnos a situaciones competitivas y exigentes en nuestro día a día, en especial si requieren de nosotros una dosis generosa de tenacidad y motivación.

La confianza en sí mismos y en sus facultades abunda entre los deportistas. Si hacemos la prueba de sentarnos con un grupo de veinte deportistas igualmente cualificados, y pedimos a cada uno que apunte en un papel su posición jerárquica calificándola del 1 al 20 con respecto a su clase y talento en comparación con sus colegas presentes, dieciocho se posicionan entre los diez primeros puestos, o sea, el 90 por ciento se sitúa en la mitad superior. La mayoría no es consciente de que compite con atletas que también se consideran los más capacitados. Esto explica que en el mundo del deporte profesional sean muchos más los atletas que se ven a sí mismos como los mejores que los que de verdad lo son.

Con todo, los niveles de optimismo varían entre los atletas y los equipos. Al estudiar este tema, un grupo de investigadores que leyó y analizó el contenido de varios cientos de noticias deportivas y de otros tantos resultados de partidos llegó a tres conclusiones.* La primera es que, a igualdad de condiciones físicas, el atleta de talante más optimista vence porque pone más esfuerzo en ganar la competición, en especial en circunstancias difíciles o de desventaja. La segunda es la misma idea, aplicada al equipo. Es decir, si en preparación y capacidad los jugadores están muy igualados, el equipo más optimista gana, sobre todo en partidos muy reñidos. La tercera conclusión o, mejor dicho, predicción es que, cuando un atleta aumenta su nivel de optimismo, también aumentan sus posibilidades de ganar.

El lenguaje privado de los deportistas es el mejor ejemplo de soliloquios programados para nutrir la resistencia y la flexibilidad que componen la resiliencia. El objetivo de sus monólogos es mantener, en todo momento, un alto nivel de autoestima y una indestructible perspectiva optimista. Ambas cualidades mentales se encargan de alimentar la confianza en sí mismos y la firme expectativa de triunfo. Otro objetivo del habla privada de estos atletas es recordarse a sí mismos que el triunfo está en sus manos, que depende de ellos y de sus buenas condiciones físicas y mentales, sin recurrir a la suerte o a la casualidad. En efecto, la misión del departamento ejecutivo de los deportistas durante las competiciones es sustentar la autodisciplina, tomar decisiones estratégicas, y mantener una motivación

* Véanse los trabajos de Martin Seligman.

infinita para competir y triunfar, independientemente de los obstáculos que surjan en el camino.

Si observamos a los corredores de fondo en esas competiciones tan populares que se celebran en las calles y parques de las ciudades, resulta curioso que todos tengan un gesto serio, pensativo, como concentrados en algo significativo. No los vemos sonrientes porque esa expresión solo la llevan por dentro, acompañando a los comentarios con que se animan a sí mismos; esos mensajes estimulantes no solo nutren la motivación, sino que también ayudan a regular el esfuerzo y a aumentar el rendimiento

En ocasiones, circunstancias de muy diversa índole infectan por desmoralización a equipos compuestos por grandes figuras, cuya confianza y entusiasmo para competir en pruebas difíciles se va minando poco a poco. Esto es lo que los entrenadores llaman «un problema de actitud». El desánimo se manifiesta en la tendencia a ignorar o minimizar la importancia de sus éxitos anteriores, con frases como: «El año pasado ganamos la liga porque tuvimos suerte y el Barça nos lo puso en bandeja». También se expresa en las explicaciones que los deportistas dan a sus fallos recientes: «Sé que debería haber metido ese gol, pero creo que estoy perdiendo reflejos, me cuesta concentrarme». El desaliento se hace además evidente en la disposición derrotista que demuestran hacia el futuro: «Perdemos y seguiremos perdiendo porque no marcamos. Seamos realistas, ¡qué demonios!».

Frente al abatimiento que reflejan estas situaciones, el optimismo favorece la predisposición a arriesgarse. De hecho, los medios de comunicación ofrecen muchos ejemplos de deportistas muy optimistas que minimizan las posibilidades de fracaso y se marcan expectativas casi inalcanzables. Aunque esta forma de actuar tiene sus peligros, no cabe duda de que nadie bate un récord sin grandes dosis de audacia y confianza. Con todo, la principal ventaja del optimismo se refleja en la resistencia al sufrimiento físico y al decaimiento mental, sumada a la persistencia para conseguir el triunfo.

La confianza optimista anima a veces a los atletas a participar en competiciones que pueden ser demasiado fuertes para ellos, pero es una actitud muy útil una vez comenzada la prueba. En esos casos, los deportistas que evocan retos pasados que lograron superar tienden a confiar en sus posibilidades de salvar los desafíos presentes. Sus éxitos anteriores les van a servir de estímulo para no tirar la toalla.

En el mismo sentido, la esperanza de victoria alimenta el esfuerzo, la seguridad y el tesón ante la amenaza de derrota, y, por tanto, eleva las posibilidades de éxito. Los atletas optimistas se crecen en la desventaja, como ilustra un experimento de la universidad californiana de Berkeley. Tras una competición, un grupo de nadadores fueron informados por sus entrenadores de que sus tiempos habían sido peores de lo que realmente fueron. Ante tan mal resultado, los nadadores catalogados como muy optimistas mejoraron sus marcas en la siguiente carrera, mientras que los de bajo optimismo las empeoraron.

En los deportes competitivos los jugadores no tienen la

opción de abandonar, incluso cuando la derrota es casi segura. En estas circunstancias, persistir contra todo pronóstico solo puede ser beneficioso. Sin embargo, la situación se complica cuando abandonar el campo es una alternativa y continuar la lucha puede ser una opción muy costosa. En estas condiciones no resulta fácil distinguir la perseverancia justificada del empeño irracional.

En situaciones competitivas de alta tensión el optimismo desempeña un papel crucial, ya que se refleja externamente e intimida al contrincante. Todo el mundo sabe que la apariencia de total confianza en uno mismo suele ser rentable, tanto en los juegos como en las negociaciones y en los conflictos. Cuando se trata de deportes de equipo, como baloncesto y fútbol, expresar en voz alta el aliento y la seguridad en uno mismo para que lo oigan los demás compañeros tiene un impacto añadido no solo sobre la moral de los miembros del equipo, sino también porque sirve para intimidar a los contrincantes. Está demostrado que los jugadores de equipos ganadores se hablan a sí mismos y se animan en voz alta con más frecuencia que los perdedores.

Un hecho curioso es que el talante de los deportistas se contagia a sus hinchas. Numerosos estudios demuestran que los seguidores incondicionales se conectan psicológicamente con sus ídolos, hasta el punto de que viéndolos en acción experimentan cambios de estado de ánimo similares. Esto también ocurre fuera del deporte: en momentos de gran intensidad, cuando formamos parte de un grupo solidario y nos jugamos el triunfo o el fracaso, la esperanza y la confianza en uno mismo se transmiten entre los miembros del grupo.

NOTICIAS OPTIMISTAS

Los periodistas son profesionales de la información cuyo trabajo consiste en seleccionar y difundir lo que es noticia. Entre las características de personalidad más útiles para ejercer esta profesión —algunas de las cuales, por cierto, también se aplican a los psiquiatras— resaltan la curiosidad y el espíritu inquisitivo. Pero no menos importantes son la atracción por la novedad y la aventura, la energía, el sentido del humor, la capacidad de escuchar, la tendencia a disfrutar de los chismes o interesarse por las conspiraciones, y el aguante ante las contrariedades y las derrotas. Dado lo que ya sabemos sobre el optimismo, creo que no hace falta ahondar en por qué el talante positivo es ventajoso a la hora de practicar con éxito este oficio. Solo quiero resaltar que, en mi experiencia con miembros muy queridos de este gremio, he podido comprobar que los ingredientes del optimismo son especialmente valiosos para ellos a la hora de protegerse del estrés que produce la cobertura de numerosas desgracias.

Los expertos en comunicación son muy conscientes de la proverbial fascinación que sentimos los seres humanos por las calamidades y desventuras que acosan a nuestros compañeros de vida. Incluso científicos divulgadores como Steven Pinker, reconocido universalmente por su orientación positiva, recomiendan omitir que las cosas están mejorando, cuando se trata de reclutar activistas o voluntarios para una causa. Se suele recomendar a los portadores de buenas noticias que mantengan la boca cerrada, para evitar que la gente se encoja de hombros o reaccione cayendo en la indiferencia o en la autocomplacencia.*

Todo esto explica que los medios estén recordándonos, día y noche, los problemas y percances más penosos que ocurren en el mundo. Como consecuencia, parece que pasamos más tiempo amargados por las noticias de sucesos aberrantes que celebrando los buenos momentos que continuamente nos depara la vida. Mientras pensaba sobre esta cuestión, se me ocurrió que sería interesante explorar el valor del optimismo como noticia. Con ayuda de un par de colegas, ambos expertos en explorar el mundo a través de internet, realizamos un análisis de artículos aparecidos entre el 1 de enero y el 31 de diciembre de 2004 en una muestra de periódicos de varios países de Occidente. Para mi sorpresa, el término «optimismo» apareció en los diez diarios examinados con mucha mayor frecuencia que «pesimismo», concretamente en un total de 6.619 ocasiones frente a 1.983, o tres veces más.** Mi primera reacción de extrañeza se debió a que, según las normas que parecen gobernar la información periodística, a primera vista el

---

* Steven Pinker, *Los ángeles que llevamos dentro*, 2018.

** Optimismo/pesimismo: *El País*, 736/218; *The New York Times*, 834/132; *El Mundo*, 1.576/609; *The Washington Post*, 618/100; *ABC*, 595/154; *El Universal*, de México, 424/70; *Le Monde*, 441/401; *Corriere Della Sera*, 63/14; *La Vanguardia*, 752/212; *La Nación*, de Argentina, 580/73.

optimismo no cualifica para noticia. Que yo sepa, hay dos reglas generales. Una es cualitativa y se basa en la consabida premisa de que las buenas noticias no son noticia. La segunda es cuantitativa y se fundamenta en la simple fórmula de que, a más alta la probabilidad de que algo ocurra, menos valor posee como noticia. Sin embargo, como hemos visto a lo largo de estas páginas, la disposición optimista es una cualidad positiva y frecuente del carácter de las personas, aunque a veces pase desapercibida, por lo que no cumple con los preceptos que dan prioridad en el noticiero a los eventos negativos o novedosos.

No hace mucho tropecé, inesperadamente, con la clave de que la visión optimista, pese a ser algo positivo y común, bajo ciertas condiciones seduzca a los periodistas y a sus lectores y lectoras. Me encontraba explicando a un grupo de estudiantes la relación que existe entre el temperamento de las personas y la esperanza de vida; para impresionarlos, les enseñé varios estudios que demostraban que los jóvenes catalogados como pesimistas padecen mayor riesgo estadístico de muerte prematura que los optimistas. Sin embargo, ante estos tremendos datos mis alumnos se mantuvieron impasibles. No veían nada insólito ni sugestivo en el hecho de que el pesimismo tuviese efectos tóxicos. A continuación les mostré otros artículos científicos, en los que se revelaba que el temperamento optimista siempre mejora, y en muchos casos también alarga, la calidad de vida de enfermos graves de corazón, de cáncer, de esclerosis múltiple y de sida. Curiosamente, estos artículos sí les llamaron mucho la atención. Después de dialogar un buen rato, llegamos a la conclusión de que el optimismo fascina de un modo especial y es noticia cuando actúa en circunstancias adversas.

Para verificar esta suposición, pedí a mis colegas que habían explorado los diarios en busca del término «optimismo», que analizaran el contenido de las noticias, con el fin de dilucidar el contexto en el que aparecía. Su análisis reveló dos datos interesantes. El primero fue que los periodistas utilizan el concepto de optimismo en las noticias de economía, de política y de deportes. Estas tres actividades son muy dinámicas y públicas, y tienen en común la acción, el rendimiento, el riesgo, la competitividad, la inseguridad, la tenacidad, la ambición, los ganadores y los perdedores. Son escenarios de la vida en los que la disposición optimista de los protagonistas y sus seguidores desempeña un papel importante en la situación y en su desenlace. El segundo dato corroboró la sospecha de que el optimismo es noticia en historias de contextos negativos. La gran mayoría de las menciones de optimismo aparecían en artículos sobre desastres y tragedias.

A la vista de todo esto se puede concluir que la perspectiva optimista merece ser noticia cuando se convierte en una especie de escudo eficaz o un arma de defensa que usamos ante situaciones muy penosas, cuando nos sentimos abrumados por amenazas que no pudimos prevenir. Como sugirió la escritora Madeleine L'Engle, «El verdadero optimismo solo brilla en las tragedias».*

* Madeleine L'Engle, *Una arruga en el tiempo*, 1935.

En este sentido, es posible que el optimismo se convirtiera en noticia en 2004, el año que escogimos para el análisis, porque resplandeció en esos doce meses ensombrecidos por desgracias en todo el mundo. Recordemos las guerras revanchistas de Irak y Afganistán, el hundimiento por corrupción de grandes empresas, como Enron, Parmalat o WorldCom, que pulverizó los ahorros de miles de familias, o los abusos sexuales a manos de cientos de curas desalmados contra más de veinte mil niños (solo en Estados Unidos). Pero además tuvimos que sufrir la masacre terrorista en los trenes de cercanías de Madrid, la matanza de miles de seres inocentes por rebeldes en Tailandia, Nigeria y Sudán, los huracanes *Iván* y *Charley*, que devastaron los pueblos costeros de Cuba, Jamaica y Florida, y el maremoto apocalíptico en el golfo de Bengala, que se cobró más de doscientas mil vidas en once países del sureste asiático apenas cinco días antes de Nochevieja.

Justamente en medio de esta abrumadora catástrofe, el 3 de enero de 2005, periodistas en todo el mundo consideraron noticia y dieron a conocer el comentario que había hecho, el día anterior, Jan Egeland, coordinador de Naciones Unidas para la ayuda a las víctimas del maremoto del océano Índico. «Las buenas noticias llegan cada hora. Hoy soy más optimista que ayer y mucho más que anteayer sobre que la comunidad global será capaz de enfrentarse a este enorme desafío», dijo al referirse al progreso en los esfuerzos de socorro a los países afectados por la catástrofe.

Sospecho que las noticias optimistas no solo sirven para iluminarnos en las tinieblas del dolor, la angustia, la injusticia y la violencia, sino que constituyen el signo más seguro y esperanzador de que, una vez más, la humanidad logrará superar la adversidad.

Optimismo y resiliencia

La palabra «resiliencia» se ha utilizado desde hace bastante tiempo en el campo de la física para representar la elasticidad de un material, propiedad que le permite absorber un impacto, adaptarse sin romperse y seguidamente recobrar su forma original. Ejemplos de cuerpos con resiliencia son una pelota de goma o la caña de bambú que se dobla ante el viento para enderezarse de nuevo. Recordemos la famosa cita de Darwin en *El origen de las especies*: «No son los más fuertes de la especie ni los más inteligentes los que sobreviven. Sobreviven los más flexibles y adaptables a los cambios».

La capacidad para resistir y superar calamidades está integrada por atributos físicos y emocionales naturales. Los seres humanos tenemos una enorme aptitud para adaptarnos a las circunstancias y recuperarnos emocionalmente de las derrotas. Son muchas las víctimas de desastres que dicen conocerse mejor como resultado de su infortunio, además de considerarse mejores personas y valorar más su vida. Con todo, hay golpes más fáciles de asimilar y de poner en perspectiva que otros. Por ejemplo, es más sencillo encontrar sentido a la muerte de un abuelo de noventa años y aceptarla que a la de un hijo de nueve.

No todas las personas gozan de la misma capacidad de recuperación. Aparte del papel que desempeñan los genes que heredamos y de nuestra manera de ser, la aptitud para superar las desgracias depende también del significado que les demos y de nuestras expectativas. Hoy en día, por ejemplo, un creciente número de personas se sienten cada vez más seguras de su capacidad de controlar su entorno, de dirigir su programa cotidiano y de vivir una vida completa y saludable, como consecuencia de los espectaculares avances científicos, tecnológicos, sociales y políticos que han experimentado muchos países en Occidente. Pero, en especial por ello, también acusamos tanto los azotes inesperados, y los sentimientos de incertidumbre y vulnerabilidad que conllevan. Basta con reflexionar unos segundos sobre la pandemia del coronavirus, que en 2020 acabó con la vida de cientos de miles de infectados, confinó a la humanidad y paralizó al mundo, para darnos cuenta no solo de los efectos fatales sobre la salud de un virus desconocido, sino de las catastróficas consecuencias psicológicas, sociales y económicas del pánico ante la incertidumbre.

Está ampliamente demostrado que las personas de perspectiva optimista superan mejor las adversidades, desde los grandes desastres hasta las dolencias más graves, pasando por cambios duros en su vida, como el divorcio, la bancarrota, el paro o la emigración forzosa. La ventaja del optimista ante la adversidad es independiente de la edad, el sexo, la inteligencia, el nivel de formación o los recursos económicos, como demuestran cientos de estudios llevados a cabo en diferentes países. Sus resultados coinciden en que la esperanza activa y la confianza en uno mismo nos protegen de los efectos nocivos de los infortunios.

Los individuos optimistas confían esperanzadamente en su capacidad para encontrar soluciones, por lo que perseveran con más tesón. La sensación de que controlan las circunstancias también los ayuda a mantener el equilibrio emocional. A este respecto, los estudios sobre las muertes provocadas por tornados o huracanes en Estados Unidos revelan la diferencia crucial para la supervivencia entre localizar el centro de control dentro o fuera de uno mismo. Hace unos años, un grupo de investigadores decidió examinar el hecho conocido de que en ciertas regiones del sur de Estados Unidos, como Alabama, los tornados causan cinco veces más muertes —una media de veintitrés por cada cien mil habitantes— que en los estados del norte, como Illinois.* Después de analizar metódicamente las características de los huracanes que habían azotado al país durante un siglo, estos científicos llegaron a la conclusión de que ni la potencia, ni la duración, ni la extensión de estos ciclones explicaban por completo la diferencia en mortalidad. Tampoco la esclarecían la densidad de población, ni la solidez de las viviendas, ni los sistemas de alarma. Por ello se propusieron investigar si al producirse estos poderosos fenómenos naturales las personas afectadas se sentían en posesión de un cierto grado de control sobre su vida o si, por el contrario, situaban resignados el centro responsable de su porvenir en el azar o en fuerzas sobrenaturales.

* Véanse los estudios de John Sims y Duane Baumann.

Al realizar numerosas entrevistas personales se demostró que la inmensa mayoría de los residentes del estado de Alabama suscribía la afirmación de: «En lo que se refiere a mi vida, Dios la controla y me protege», o consideraba que la suerte era un factor determinante a la hora de salvarse de los huracanes. Por el contrario, en Illinois eran muy pocos los que estaban de acuerdo con la intervención divina o creían en la influencia de la fortuna sobre los efectos de estos fenómenos. Igualmente, mientras que los habitantes de Alabama se conformaban con «mirar al cielo y observar el movimiento de las nubes» para sopesar la peligrosidad de un huracán, los residentes de Illinois opinaban que la mejor manera de informarse era a través de los partes radiofónicos de las autoridades y observando los cambios en el barómetro de su casa. Por último, por cada cinco habitantes de Illinois que tomaban medidas urgentes para protegerse —por ejemplo, buscaban refugio, se aprovisionaban de víveres, avisaban a los vecinos—, solo dos en Alabama hacían algo parecido.

En consecuencia, las personas que sitúan el centro de control dentro de ellas mismas y piensan que su futuro depende de lo que hagan o dejen de hacer —un pilar fundamental del pensamiento optimista— se enfrentan a los peligros de forma más segura y precavida, y tienen más probabilidades de sobrevivir que quienes están convencidos de que el control de la situación está fuera de ellos. Los primeros deciden su respuesta, se ayudan con la tecnología, se sienten protagonistas y actúan con determinación y comportamientos concretos. Como contraste, los segundos tienden a enfrentarse a la amenaza de una forma más pasiva, se consideran espectadores de los acontecimientos e, incluso, esperan resignados su suerte.

En un curioso experimento llevado a cabo por William Sanderson, psicólogo de la Universidad de Rutgers, veinte enfermos de ataques de pánico se prestaron a respirar aire contaminado de dióxido de carbono (un gas que provoca los síntomas de pánico). Antes de comenzar el experimento, a la mitad de los participantes se les hizo creer la falsa ilusión de que activando una pequeña llave podían controlar en todo momento la cantidad de gas tóxico que aspiraban, mientras que la otra mitad de voluntarios fueron advertidos de que no tendrían control sobre la composición del aire. Al final de la prueba, aunque ambos grupos habían inhalado la misma proporción de dióxido de carbono, mientras que solo el 20 por ciento de los pacientes que imaginaban que tenían control sufrieron ataques de pánico, el 80 por ciento de los que pensaban que no controlaban el aire que respiraban experimentaron ataques.

Recuerdo una anécdota sobre un rabino y un sacerdote católico que habían hecho una buena amistad y fueron a ver juntos un combate de boxeo. Antes de empezar el primer asalto, uno de los púgiles hizo una breve genuflexión mirando al cielo y se santiguó. El rabino reconoció el gesto cristiano y le preguntó con curiosidad a su amigo: «Oye, ¿para qué sirve la señal de la cruz que ha hecho el púgil?». El cura respondió con una leve sonrisa traviesa: «Pues la verdad es que no le sirve para mucho... si no sabe boxear».

Por todo esto, es comprensible que resulte contraproducente comunicar a un enfermo grave que terceras personas piadosas rezarán por él. El motivo no es el temor que pueda provocar esta noticia —«¿Tan mal estoy para que tengan que implorar a Dios por mi recuperación?»—, sino el peligro de que el doliente decida eludir su responsabilidad personal de combatir la enfermedad. En el mismo sentido, estudios de víctimas de cautiverios y raptos prolongados coinciden en que la supervivencia depende en gran medida de la aptitud de las víctimas para preservar algún espacio de acción independiente y mantener la sensación de control sobre algún aspecto de su vida diaria.

Las personas con disposición optimista también se muestran abiertas a buscar información sobre los sucesos que les preocupan antes de tomar decisiones importantes, y sopesan tanto los aspectos positivos como los negativos, en lugar de fijarse únicamente en los aspectos negativos.* Esta tendencia es beneficiosa, porque el gran enemigo de muchas personas abrumadas por las circunstancias no es tanto la gravedad de su situación como sus aciagos temores imaginarios. Es indiscutible que los peores temores son los que nos imaginamos, porque enterarnos de lo que realmente ocurre y cuál es la mejor forma de responder a la situación ayuda a mantener los pies sobre la tierra. Los peores avatares de la vida se hacen más llevaderos si uno cuenta con suficiente perspectiva para conocer sus causas, sus efectos y sus remedios.

* Véanse los trabajos de Lisa Aspinwall.

El ingrediente del optimismo más eficaz en los momentos difíciles es la esperanza. En medio de privaciones y sufrimientos todos buscamos promesas de alivio, de descanso y de curación. Nos mantenemos animados gracias a que esperamos que lo que nos aflige pasará. Durante las crisis, hay personas que alimentan su confianza con espiritualidad, porque la fe en un «más allá» seguro y placentero ayuda a tolerar mejor el sufrimiento. Por eso, desde la antigüedad la creencia en algo superior, ya fuese divino, mágico, físico o humano, ha florecido en todas las culturas en épocas penosas.

También es verdad que la ilusión basada en fantasías empuja a mucha gente a luchar por sobrevivir con una intensidad especial. Este fue el caso de Eric Lemarque, el famoso jugador francés de hockey sobre hielo de treinta y cuatro años, que en marzo de 2004 sufrió un accidente y estuvo perdido durante una semana, malherido y con escaso abrigo, en la montaña helada Mammoth, en California. Cuando le encontraron explicó a los sorprendidos socorristas: «Para no rendirme soñaba todas las noches que me rescataban, pensaba una y otra vez que mi situación era un simple juego de ordenador, y que en cualquier momento alguien apretaría el botón de reinicio y terminaría».

Las personas optimistas suelen disfrutar también de un rasgo de la personalidad muy ventajoso a la hora de superar adversidades: la extroversión. A través de la palabra validamos lo que sentimos y nos desahogamos, así que conversar y expresar nuestras emociones es una forma saludable de organizar los pensamientos y de aliviar la angustia o el miedo. Todos necesitamos escucharnos en voz alta y que nos escuchen, además de recibir aliento de otras personas cuando nos encontramos en situaciones penosas. En mi opinión, las desdichas son para compartirlas, puesto que la unión y la conversación con otros estimulan el sentimiento de universalidad, la sensación de que «no soy el único», y animan a formular interpretaciones provechosas que alivian el estrés generado por las calamidades.

En momentos de desgracia, es normal buscar el apoyo de seres queridos y las promesas de alivio de los expertos del mal que nos aqueja. Sin embargo, a menudo los mensajes más reconfortantes proceden de nuestras propias voces internas. Son nuestras palabras esperanzadoras las que más eficazmente nos protegen del fatalismo y la indefensión.

La compañía amistosa nos brinda además consuelo y seguridad y, con un poco de suerte, saca a flote el sentido del humor. Este componente protector nos ayuda igualmente a defendernos de la ansiedad y a resistir el abatimiento que producen las adversidades prolongadas, como las vividas por Viktor E. Frankl. Durante su terrible experiencia en un campo de concentración, este célebre neurólogo y filósofo austríaco se dio cuenta del efecto reparador del buen humor. «El humor —escribió— es una de las armas con las que el alma lucha por su supervivencia. Yo mismo entrené a un amigo que trabajaba a mi lado en el campo de concentración, para que inventase cada día una historia divertida sobre algún incidente que pudiera suceder al día siguiente de nuestra liberación...». Hoy está demostrado que el humor actúa de purgante, con la función primordial de descargar la tensión emocional. Incluso el humor negro alegra nuestra vida y la de las personas que nos rodean. Y si además provoca en nosotros el reflejo fascinante de la risa, nos ayuda a oxigenarnos física y emocionalmente.

Otro aspecto positivo de la actitud optimista es que, con el tiempo, estimula a quienes han padecido las peores calamidades a soltar amarras, a liberarse del rencor y del papel de víctima para pasar la página dolorosa de su auto-biografía, retomar el timón del barco de su vida y perseguir con entusiasmo nuevas metas. Este proceso de liberación es además bueno para la salud, pues beneficia al corazón, a la presión arterial, al sistema inmunológico, y reduce la tensión nerviosa.*

Muchos adultos experimentan efectos beneficiosos a largo plazo tras sufrir traumas serios, desde enfermedades graves hasta desastres naturales, pasando por accidentes, combates militares, agresiones y pérdida de seres queridos. Desde los albores de la civilización se ha propagado la idea de que se puede obtener recompensa a través de la adver-sidad. Quizá esta creencia sea el origen del conocido dicho «No hay mal que por bien no venga», o del viejo proverbio chino según el cual «Abundantes beneficios esperan a quienes descubren el secreto de encontrar la oportunidad en la crisis».

* Como demuestran los estudios del psicólogo Fred Luskin y colegas.

Numerosos estudios sobre los cambios positivos que experimentan algunas personas después de vivir una situación traumática han llegado a la conclusión de que existe un «crecimiento postraumático».* En el mismo sentido, investigaciones sobre los efectos de la muerte de seres queridos demuestran consistentemente que alrededor del 75 por ciento de los familiares del difunto saca algo positivo de su dolorosa pérdida.** Todos conocemos personas para quienes el proceso de duelo da lugar a algún cambio saludable en su personalidad. Entre los beneficios más frecuentes se encuentran el fortalecimiento de las relaciones con los demás y la capacidad de ponerse en las circunstancias de otros. Algunos descubren incluso en ellos mismos facetas creativas o altruistas que desconocían. Otros afirman que disfrutan más que antes de las pequeñas cosas que ofrece el día a día.

Como hemos visto, el pensamiento positivo es congruente con las ganas de vivir y compatible con la capacidad de valorar con sensatez las ventajas y los inconvenientes de las decisiones. El optimismo saludable no implica un falso sentido de invulnerabilidad ni un estado alocado de euforia. Por el contrario, es una forma de sentir y de pensar que nos ayuda a emplear las habilidades propias y los recursos del entorno, y a luchar sin desmoralizarnos contra las adversidades.

* Véanse los trabajos de Alex Linley y Stephen Joseph.
** Véase Susan Nolen-Hoeksema, *Coping with Loss*, 1999.

El desarrollo de la civilización es otro fruto de la energía positiva humana. Aunque no podamos estar seguros de cómo era el temperamento de nuestros antepasados más lejanos, ya que no dejaron rastros escritos, muchos nos inclinamos a pensar que, en ese instante en que adquirieron conciencia de sí mismos y de su entorno, a la mayoría se le iluminó la cara con una sonrisa de regocijo.

Imagino que al mirar hacia atrás debieron de sentirse muy orgullosos de haber superado las duras pruebas a las que los había sometido la implacable ley de selección natural, encargada de favorecer las cualidades físicas y mentales útiles para la conservación de la especie y de descartar las inservibles. Me figuro que también se percataron de su gran logro cuando compararon su suerte con la de los chimpancés y los gorilas, sus parientes más cercanos del reino animal.

Es razonable pensar que una especie como la nuestra, que apareció en África y en menos de cien mil años dominó el planeta, albergase la chispa del optimismo, la esperanza y la motivación para buscar formas novedosas de utilizar a la naturaleza en su propio beneficio para mejorar su existencia. La disposición optimista de nuestros predecesores se reflejó concretamente en su progresiva civilización. Entre los resultados más antiguos de esta energía creativa destacan el descubrimiento de la agricultura y la ganadería, la edificación de ciudades y el invento de la escritura.

La historia de los pueblos ha seguido derroteros diferentes, pero desde que nuestros antepasados adquirieron conciencia de sí mismos y persiguieron sin descanso la dicha propia y la de sus semejantes, la humanidad en general se ha visto inmersa en un proceso impresionante de crecimiento. Sería irreal negar que todavía hoy existen países sumidos en la pobreza, la enfermedad y la violencia. No obstante, si analizamos la esperanza de vida, el nivel de educación general o el número de las sociedades democráticas, nunca tantos hombres y mujeres han disfrutado de una calidad de vida tan alta. Además, jamás el sufrimiento de nuestros semejantes, las injusticias sociales y el despilfarro de las riquezas naturales han provocado tanta repulsa e indignación.

Todo esto no debería sorprendernos. Después de todo, desde el amanecer de la humanidad, la fuerza del optimismo ha impulsado a los seres humanos a ejercer con ilusión el arte del emparejamiento, a resistir con firmeza la adversidad y a promover el progreso y el bien común. Los ingredientes del optimismo son atributos muy valiosos, que los genes encargados de la supervivencia de la especie no han tenido más remedio que proteger y tratar con la atención preferencial que se merecen. Por todo esto, es prudente concluir que la inexorable fuerza natural que regula la evolución de nuestra especie prefirió la disposición vitalista. Y como hacen los atletas en las carreras de relevos, pasó el testigo del optimismo de generación en generación.

5

Venenos del optimismo

Indefensión crónica

El sentimiento permanente de indefensión tiene efectos devastadores sobre el temperamento de los seres humanos. Las personas que se sienten impotentes ante la adversidad, y suponen que hagan lo que hagan nada cambiará ni mejorará, terminan siendo proclives a adoptar una disposición apática y derrotista, a «tirar la toalla» ante los desafíos de la vida.

La conciencia prolongada de impotencia y desamparo es venenosa para el optimismo, porque socava la autoestima y agota la esperanza. En este sentido, numerosos estudios confirman los efectos nocivos sobre el desarrollo de la personalidad que tienen las experiencias de acoso continuado durante la niñez. Los ambientes familiares o escolares donde imperan los abusos, el miedo y la sensación de impotencia son terreno abonado para el desarrollo de adultos desconfiados e incapacitados para enfrentarse a los avatares de la vida. Aunque hay niños que, con el tiempo, superan las adversidades sufridas durante la infancia, no son pocos los que crecen marcados por el temperamento agorero-fatalista que produce años de sentimiento de indefensión. Esta malsana sensación oscurece cualquier horizonte esperanzador, y cuando estos pequeños buscan explicaciones para sus infortunios, a menudo terminan culpándose a sí mismos. Las graves secuelas de los malos tratos continuados durante la infancia quedan bien patentes en que sus víctimas tienen cuatro veces más probabilidades de caer en la depresión o, incluso, de intentar suicidarse en la edad adulta, que quienes no experimentaron tan penosas condiciones durante su crecimiento.

El estado crónico de indefensión también puede ser consecuencia de experiencias traumáticas provocadas por desastres naturales, o por agresiones continuas a personas incapaces de escapar de sus verdugos por causas físicas, económicas, sociales o psicológicas. Ni siquiera los centros de trabajo, ciertos colegios y algunos hogares familiares se salvan a veces de ser escenario de las deleznables prácticas de acoso.

El dolor también tiene un gran impacto en nuestra visión de la vida. Ciertamente, el cuerpo tiene la capacidad de producirnos las emociones más placenteras, pero también puede causarnos el dolor más insoportable. La función natural del dolor es servir de alarma ante un desarreglo físico y motivarnos a tomar medidas para corregirlo. Pero cuando el dolor es recurrente puede convertirse en un ladrón implacable de la esperanza. Pese a que la medicina cuenta hoy con poderosos analgésicos, hay dolores tan desgarradores e indomables que consumen la fuerza hasta del más entusiasta. Entre ellos se sitúa la neuralgia del nervio facial trigémino, una auténtica tortura para quienes la padecen: solo un pequeño movimiento, un suave roce del rostro o la caricia de una brisa desatan un dolor insufrible en la cara. Como consecuencia, la vida cotidiana de estas personas queda sumida en el abrumador pánico a la próxima e inesperada puñalada que producen estos repentinos ataques de dolor. Y otro tanto podemos decir de dolores crónicos despiadados, como las migrañas intensas que no responden a ningún tratamiento, las enfermedades musculares degenerativas y los tumores que invaden los centros neurálgicos o los huesos.

Sin llegar a estos extremos, existen también otras enfermedades menos dolorosas que pueden destruir la energía vital, el sentido de autocontrol y la capacidad de relacionarse con los demás. Pensemos en las enfermedades crónicas de la sangre, ciertos trastornos neurológicos, los desequilibrios hormonales y las dolencias graves de los riñones o del hígado, por poner algunos ejemplos. Estos padecimientos dañan el equilibrio emocional, enturbian la forma de pensar, oscurecen la visión del mundo y terminan por arrasar la confianza y la ilusión de sus víctimas.

Otra causa de indefensión que envenena el temperamento optimista es el miedo crónico. El temor es un reflejo natural muy útil para la supervivencia, pues nos permite detectar de antemano los peligros y protegernos huyendo o luchando. Sin embargo, cuando el miedo no es consecuencia de una amenaza objetiva, sino que responde a un estado de angustia sin causa precisa, hablamos de ansiedad. Los estados crónicos de ansiedad constituyen otro veneno para los ingredientes del optimismo. Se trata de una verdadera plaga, ya que casi un 10 por ciento de la población sufre de ansiedad en algún momento de su vida. Hoy en día existen remedios psicológicos y farmacológicos efectivos para paliarla pero, aun así, hay personas resistentes al tratamiento que viven en un estado desmesurado de aprensión e inquietud: unos padecen fobias recalcitrantes, otros viven atormentados por ataques de pánico o por trastornos obsesivo-compulsivos paralizantes. Entre los más indefensos destacan los hipocondríacos, permanentemente angustiados, convencidos de que la menor molestia o indisposición pasajera representan el principio irremediable de una enfermedad grave o, incluso, mortal.

No hay duda de que ciertas experiencias son tan abrumadoras que dañan el talante más positivo. En ocasiones, los efectos de algunos sucesos traumáticos se entretejen con el funcionamiento de nuestro sistema nervioso, por lo que moldean nuestra percepción del mundo. La gama de calamidades que pueden robarnos el optimismo es muy amplia, pero la indefensión provocada por la violencia humana intencionada es en particular dañina. Estas experiencias causan lo que llamamos trastorno por estrés postraumático, y sus síntomas más típicos van desde la intromisión en la mente de imágenes y recuerdos estremecedores hasta las pesadillas, pasando por la ansiedad y el decaimiento emocional.

Como cabe esperar, las poblaciones que experimentan

condiciones persistentes de temor a causa del terrorismo o de conflictos bélicos muestran niveles altos de desmoralización y desesperanza.* Esto se debe a que el miedo excesivo y prolongado altera el sistema hipotalámico-hipofisario-adrenal, encargado de regular nuestro equilibrio vital. Este sistema conecta el hipotálamo, responsable de regular las emociones, con la hipófisis, la glándula que se encarga de producir las hormonas que regulan nuestra capacidad de responder al estrés y a los peligros. Cuando estamos sometidos a la aprensión o la ansiedad persistentes, se altera en el cerebro la actividad de ciertas sustancias transmisoras —en particular la serotonina y la dopamina—, encargadas de modular nuestro estado de ánimo. El déficit de estas sustancias nos predispone al desaliento y a la desesperación y, con el tiempo, esa mezcla silenciosa de miedo e impotencia extingue nuestra esperanza.

Es evidente que, cuanto más incapaces nos sentimos de controlar nuestro rumbo, más espacio dejamos abierto para que la inseguridad y la desesperanza conmocionen los cimientos de nuestra visión positiva de la vida. Con todo, el grado de indefensión que envenena el optimismo en unos, apenas inflige un daño pasajero en otros.

En todo caso, un hecho que nadie cuestiona es que los seres humanos nacemos con la capacidad de desarrollar seguridad, confianza, esperanza y demás cualidades positivas del carácter. Igualmente incuestionable es que la inde-

* Joop T. Jong, «Lifetime events and posttraumatic stress disorder in 4 post conflict settings», 2001.

fensión, por angustiante que sea, se hace más llevadera si uno está convencido de que con el tiempo pasará, porque la peor calamidad es tolerable si uno cree que terminará. Como dijo el psicólogo Bruno Bettelheim: «La angustia más penosa se alivia cuando la tranquilidad está al alcance de la vista».*

Pesimismo maligno: depresión

El peor veneno del optimismo es la depresión. Muchos la hemos sufrido alguna vez y somos conscientes de la capacidad que tiene esta dolencia de destrozar nuestra vida. La depresión daña la autoestima, impregna de negatividad la perspectiva del ayer, aniquila la esperanza en el mañana y destruye las raíces del optimismo. Resulta verdaderamente estremecedor observar el daño que causa este padecimiento en la forma de ser de las personas y en su perspectiva de la existencia.

Hoy por hoy, la mejor forma de saber si una persona está deprimida es sencillamente preguntando, escuchando y observando. La frontera entre el sentimiento «normal» y pasajero de tristeza y los efectos de la enfermedad depresiva no solo se encuentra en un cambio perceptible en el talante de la persona, sino también en la presencia continuada y evidente de síntomas durante un período mínimo de dos semanas.

* Bruno Bettelheim, *Sobrevivir*, 1976.

A veces es fácil asociar el desánimo con traumas concretos, como, por ejemplo, la ruptura de una relación sentimental importante, la pérdida inesperada del trabajo o la muerte de un ser querido. Otras veces la causa del decaimiento anímico se encuentra en un trastorno físico como la hepatitis, artritis reumatoide, anemia o hipotiroidismo. También podemos detectar los efectos depresivos de algunos fármacos, como ciertos tranquilizantes, la reserpina, los esteroides y sustancias consumidas por elección propia, como el alcohol o la heroína. No obstante, las circunstancias de la vida son tan variadas que, a menudo, cuesta identificar el suceso concreto que justifique la tristeza de una persona. De ahí la distinción que muchos especialistas hacen entre depresión reactiva, que responde a un suceso externo, y depresión endógena, que no se puede relacionar con ningún evento.

Los síntomas de la depresión se agrupan en cuatro categorías: estado de ánimo, forma de pensar, comportamiento y trastornos físicos. Cuando nos deprimimos nos sentimos tristes, desanimados, hundidos en la angustia, en la amargura y en la desmoralización. Sollozamos con facilidad, aunque a veces el estado de desesperación es tal que ni siquiera podemos llorar. Además de tristes, con frecuencia nos encontramos ansiosos, irritables e impacientes con los demás. Por si fuera poco, la depresión hace que perdamos el sentido del humor, la capacidad de sonreír y el interés en tareas y relaciones que hasta entonces nos resultaban placenteras.

Los estados depresivos también alteran nuestra forma

de pensar y dificultan nuestra capacidad de concentración. Al mismo tiempo, encontramos numerosos argumentos para convencernos y tratar de convencer a otros de que cualquier éxito es realmente un fracaso, y cualquier contratiempo es devastador e irreversible. Las perspectivas de uno mismo, del mundo que nos rodea y del futuro se ensombrecen hasta el punto de que la vida pierde por completo su sentido e, incluso, se desea la muerte. Abrumados por la depresión, nos volvemos contra nosotros mismos al considerar que no valemos la pena y somos críticos con nuestros fallos y defectos, por insignificantes que sean. Como consecuencia, no nos sentimos dignos de afecto, nos juzgamos culpables de cualquier desgracia, real o imaginaria, y hasta llegamos a considerarnos merecedores de nuestra desdicha.

La depresión suele ir acompañada de síntomas físicos, empezando por la carencia de energía y el cansancio. Pero también produce trastornos de alimentación, bien sea la pérdida del apetito o la sobrealimentación compulsiva, dolores generalizados sin causa aparente, pérdida de interés en las relaciones sexuales y alteraciones del sueño, como el insomnio o la hipersomnolencia. A menudo las mañanas son más duras que las tardes. De hecho, el amanecer se convierte para muchas víctimas de esta dolencia en un momento desolador.

Si nos fijamos en el comportamiento de la persona deprimida, el síntoma principal de su enfermedad es la falta de motivación para llevar a cabo las tareas cotidianas, incluidas las más básicas, como comer o asearse; se pierde interés en todo, excepto en rumiar desprecio hacia uno mismo y en autocriticarse de la manera más mordaz. La sensación de controlar el día a día se debilita tanto que el enfermo se siente incapaz de adaptarse a los cambios, y entretanto la dolencia va consumiendo el vigor necesario para superar los retos cotidianos. Al carecer de esperanza, los deprimidos se desmoralizan, desconfían del futuro y tienden a decir «¡No!» a las oportunidades que se les presentan, por favorables que sean.

La melancolía encierra a sus víctimas en una auténtica celda de aislamiento, ya que obstaculiza la comunicación y las relaciones con otras personas. Los deprimidos son incapaces de extraer placer de la compañía de sus seres queridos, por lo que se apartan y, al irradiar amargura y agotamiento, los demás también se distancian de ellos. De esta manera, queda destruida su capacidad de divertirse, distraerse y disfrutar de los deleites simples que hacen la vida agradable, ya que no sienten gratificación alguna con el ocio o las actividades lúdicas. En definitiva, la depresión arrasa todos los escenarios en los que las personas experimentan los momentos más satisfactorios de la vida.

En los países occidentales, donde la depresión se ha estudiado a fondo, abundan los casos de esta dolencia. De hecho, casi la mitad de sus habitantes sufre por lo menos un episodio de depresión a lo largo de la vida.* El diagnóstico de esta enfermedad es tan prevalente porque no solo

* Edwin H. Cassem, «Depressive disorders in the medically ill», 1995.

lo realizan los especialistas, sino también los médicos de familia, los psicólogos y hasta los propios afligidos, sus familiares y amigos. Además, en las dos últimas décadas la depresión ha empezado a ser aceptada por la gente como una enfermedad más, con lo que se ha hecho mucho más visible, al perder su poder estigmatizador. Gracias a ello, los afectados tienden a buscar ayuda profesional más abiertamente que antes. Recordemos que, hasta hace poco, la mera alusión a haber consultado a un psiquiatra se interpretaba como una prueba de locura o, cuando menos, un signo de debilidad de carácter o de fracaso personal. Por suerte, buscar ayuda psicológica ya no marca tanto e, incluso, se considera un signo de madurez o, al menos, de reconocimiento de un problema y de motivación para solucionarlo.

No solo los adultos se deprimen. Hace ya un par de décadas salieron a la luz casos de depresión infantil, aunque hasta entonces se pensaba que los niños no eran víctimas de esta dolencia. Hoy sabemos que este mal puede atormentar a los pequeños desde los siete u ocho años. Sin embargo, en su caso, los síntomas de la depresión no son tanto la tristeza como problemas de comportamiento. Se trata de niños que dejan de jugar, quedan afectados por cosas sin importancia, se vuelven muy irritables, tienen dificultad para concentrarse y suelen tener dificultades de conducta en el colegio. Cada día se diagnostica la depresión en adolescentes con mayor frecuencia. El mundo en que vivimos hoy permite que los jóvenes crezcan cada vez con más derechos, más libertad, más conocimiento y más idealismo, pero también con más conciencia de la incongruencia entre sus aspiraciones y las oportunidades a su alcance para conseguirlas, lo que a menudo provoca en ellos desesperanza y desmoralización.

Cuando el pesimismo se acentúa hasta convertirse en maligno, puede empujar a sus víctimas al suicidio, su secuela más amarga. Cada día, un interminable hilo conductor de desesperanza, agotamiento, soledad y decepción une a quienes, venciendo el instinto de conservación y el miedo a la muerte, se quitan la vida antes de llegar al fin natural de su existencia.* Y por cada persona que se inmola, veinte lo intentan sin éxito. Aunque algunas fantasías suicidas dejan entrever la aspiración a un más allá mejor, para la mayoría la decisión de terminar con su vida es una confesión de fracaso amortajada con razonamientos fatalistas, que hacen que los argumentos más razonables en contra de la muerte parezcan triviales. Pero incluso cuando la autodestrucción no forma parte del curso de la depresión, los afligidos por este mal suelen morir tempranamente. Esto se debe a que se alimentan peor, se cuidan menos, sufren más accidentes y tienen una mayor propensión a padecer enfermedades cardíacas.**

La mejor forma de protegernos contra el suicidio consiste en descubrir lo antes posible sus signos premonitorios y tomar inmediatamente medidas curativas. La detección

---

* <https://www.who.int/es/news-room/fact-sheets/detail/suicide>.

** Steven Dubovsky, *Mind-body Deceptions*, 1997.

temprana y el tratamiento precoz de las depresiones agudas pueden ahorrar a los pacientes meses de sufrimiento y salvar vidas. Hoy la medicina y la psicología disponen de armas terapéuticas muy potentes y eficaces contra la depresión, ya que los tratamientos farmacológicos han avanzado en los últimos quince años. De hecho, la aparición y rápida divulgación de medicamentos antidepresivos muy potentes y con pocos efectos secundarios, que aumentan la liberación de serotonina en el cerebro (la fluoxetina o Prozac fue el primero), ha servido de incentivo para que los deprimidos busquen ayuda. Sus perspectivas de alivio son altas, ya que, en general, dos de cada tres enfermos responden favorablemente a la medicación antidepresiva; además, la mayoría de los pacientes se beneficia de la psicoterapia, sobre todo en combinación con antidepresivos. Entre las más eficaces está la psicoterapia interpersonal. Se trata de un proceso rápido, pues no suele exceder de dieciséis sesiones, que se centra en el presente, en la autoestima del paciente y en sus relaciones con otras personas.* Otra modalidad de psicoterapia de efectividad comprobada es la que ayuda al enfermo a modificar las distorsiones negativas de su percepción del mundo, las generalizaciones desesperanzadas y demás pensamientos desfavorables típicos de los estados melancólicos.** A pesar de todo esto, como cada víctima de pesimismo maligno es diferente, la

---

* Gerald Klerman y Myrna Weissman, «Increasing rates of depression», 1989.

** Véanse los trabajos de Aaron Beck.

mejor estrategia es adaptar el tratamiento a la persona y no la persona al tratamiento.

Antes de dejar el tema de los venenos del optimismo, permitidme que mencione brevemente uno, no tanto del optimismo en sí como del conocimiento del optimismo. Me refiero al estigma de ingenuidad o, incluso, de ignorancia con el que se marca y se descarta el pensamiento optimista en algunas culturas. Pienso que este estigma es el resultado del profundo derrotismo que ha primado en el mundo de las cavilaciones filosóficas durante siglos. Una de las consecuencias tóxicas de esta actitud ha sido la falta de atención que ha recibido el estudio del optimismo en el mundo de la ciencia. De hecho, hasta principios de este siglo no se estudiaron metódicamente los efectos sobre la salud, en su más amplio sentido, de la tendencia a ver y juzgar las cosas en sus aspectos positivos.

A mi entender, el pesimismo de tantos ilustrados que se dedicaron, o se dedican, a entender a los humanos, la vida y el porqué de las cosas, se debe a que injertan supuestos fatalistas preconcebidos en sus especulaciones. Sospecho que su perspectiva de la humanidad sería mucho más realista y positiva si, antes de construir sus teorías, observaran de cerca a hombres y mujeres de carne y hueso, puesto que es innegable que ningún sistema de estudio ha contribuido tanto a nuestro conocimiento como el método científico, basado en la observación y evaluación cuidadosas del fenómeno en cuestión; quienes practican bien la ciencia no inventan verdades, sino que las descubren.

6

Moldear nuestra forma de ver la vida

Los efectos nocivos de la indefensión y del pesimismo maligno pueden dañar nuestro nivel de optimismo desde que nacemos hasta que morimos. No obstante, podemos tomar medidas para contrarrestar el pernicioso impacto de estos venenos del optimismo, porque todos tenemos a nuestro alcance la posibilidad de reforzar las cualidades optimistas de nuestro carácter, que nos ayudan a percatarnos de lo positivo que ofrece la vida, a disfrutar de ello y a protegernos de los golpes que nos debilitan y nos compelen a claudicar.

Gracias a nuestra capacidad natural de aprender es posible moldear razonablemente la manera de ser. La tarea no es fácil. Requiere, en primer lugar, la observación puntual y el cuestionamiento valiente de nuestras propias percepciones, actitudes y explicaciones. El paso siguiente consiste en identificar los cambios que queremos y podemos hacer, para después llevarlos a la práctica. También hay personas que recurren a la psicoterapia o terapia de conversación para estimular la perspectiva positiva. El objetivo del tratamiento es cambiar aspectos de su forma de ser que fomentan una visión negativa de las cosas, dañan la autoestima e interfieren con el goce de las relaciones afectivas y la satisfacción con la vida en general. Todo este trabajo exige esfuerzo, tiempo y una ración generosa de entusiasmo, autodisciplina y paciencia.

A través de los años he podido comprobar que las técnicas o estrategias que promueven el optimismo suelen ser más eficaces que las que intentan reducir el pesimismo, excepto en el caso, ya mencionado, de personas enfermas de depresión, que requieren un tratamiento especializado. Es posible que modificar los rasgos derrotistas del carácter sea más difícil porque los genes desempeñan un papel más determinante en su formación. En cambio, el entorno en que crecemos, las experiencias que vivimos y nuestro aprendizaje tienen un mayor impacto sobre los ingredientes de la perspectiva optimista de la vida, como la localización en nosotros mismos del centro de control, la confianza en nuestras cualidades ejecutivas, el estilo favorable de explicarnos las cosas o la mayor memoria de experiencias gratas. En la práctica, todo esto implica que, en general, resulta más eficaz invertir en estrategias dirigidas a aumentar nuestra visión positiva de la existencia que en medidas destinadas a cambiar nuestras creencias pesimistas.

Como veremos a continuación, el talante optimista se potencia de dos formas: alimentando estados emocionales gratificantes en el día a día y fomentando estilos positivos de percibir y juzgar las cosas que nos afectan.

Gracias al mejor conocimiento que tenemos sobre el funcionamiento del cerebro y de los procesos que regulan la toma de decisiones, en los últimos cincuenta años se ha llegado a la conclusión de que los sentimientos desempeñan un papel fundamental en la forma de percibir y de interpretar el mundo. Hoy sabemos que ciertas regiones del cerebro, como el hipotálamo y la amígdala, encargadas de elaborar y modular las emociones, estimulan a su vez las neuronas especializadas en razonar. Como resultado, hay coherencia entre lo que sentimos y lo que pensamos.

Es evidente que no tenemos control sobre la miríada de factores que influyen en nuestro estado de ánimo, desde el equipaje genético hasta la personalidad, pasando por la salud física y mental, las condiciones del entorno o los sucesos inesperados que nos afectan. Pero no es menos cierto que podemos alimentar nuestras emociones positivas y programar situaciones que las favorezcan. Quienes logran mantener un estado general de ánimo alegre tienen grandes probabilidades de estimular o proteger los ingredientes de la disposición optimista.

Como con tanto acierto afirma el filósofo español José Antonio Marina en *El laberinto sentimental*, para favorecer los elementos de nuestra personalidad que nos ayudan a disfrutar más de la vida, es necesario añadir sentimientos esperanzadores que, sin menoscabar la razón y la prudencia, permitan «hacer del náufrago un navegante». En este contexto, está demostrado que un estado de ánimo positivo estimula recuerdos placenteros y bloquea las memorias desagradables. Por el contrario, las personas que se sienten tristes tienden a evocar experiencias negativas. Y si nos fijamos en la visión del futuro, los individuos contentos se inclinan a predecir eventos favorables y a considerar que serán beneficiosos para ellos, mientras que las personas insatisfechas tienen más propensión a augurar infortunios y a anticipar que serán víctimas de ellos. Esto ocurre incluso en individuos a quienes se inducen artificialmente sentimientos de alegría o de tristeza.

Lo que voy a sugerir a continuación está al alcance de cualquiera, aunque las ideas más sencillas y útiles a menudo se nos escapan en la vorágine cotidiana. Cultivar emociones positivas implica identificar y fomentar las situaciones bajo nuestro control que nos producen sentimientos de satisfacción, y tratar de eliminar o, al menos, reducir aquellas que nos entristecen. En este sentido, concentrar nuestros esfuerzos en las relaciones con otras personas es una de las actuaciones que nos aportan más beneficios.

Numerosas investigaciones respaldan la noción de que los individuos emparejados o que forman parte de un hogar familiar, de un círculo de amistades o de un grupo solidario con el que se identifican se consideran más satisfechos que quienes viven aislados o carecen de una red social de apoyo emocional. Intercambiar emociones y pensamientos, dar y recibir afecto, y aceptar y ser aceptados por los demás son actividades sociales básicas que estimulan estados de ánimo positivos.

Hablar desempeña un papel fundamental en estos intercambios y nos aporta unos grandes beneficios emocionales. Gracias a los vínculos que existen entre las palabras y las emociones, hablar no solo nos permite desahogarnos y liberarnos de las cosas que nos preocupan, sino también experimentar los sentimientos placenteros que acompañan a la comunicación entre personas queridas. De hecho, evocar, ordenar y verbalizar nuestros pensamientos en un ambiente acogedor es siempre una actividad gratificante.

Huelga decir que las desdichas también deben ser compartidas. Al narrarlas en voz alta organizamos nuestros pensamientos, los estructuramos, y hacemos más llevaderas las circunstancias y emociones que nos abruman. Además, nos beneficiamos de las expresiones de empatía y aliento que recibimos de quienes nos escuchan. Y si la conversación incluye a personas que han pasado por circunstancias similares a la nuestra, brota en nosotros el sentimiento tranquilizador de universalidad, la sensación de que «no soy el único».

Tal vez por eso somos muchos los que, cuando no contamos con interlocutores humanos, le hablamos al perro, al gato, al pajarito o a la planta que viven en casa. En momentos de soledad, las mascotas facilitan la comunicación de sentimientos, reavivan los recuerdos agradables, crean un ambiente hogareño y ayudan a llenar ese vacío que supone el aislamiento social. De hecho, las personas mayores que viven con un animal de compañía muestran mejor estado físico, menos preocupación por problemas de salud y una mayor sensación de bienestar y seguridad que las que viven solas.

Tampoco debemos olvidar que todos nos sentimos mejor cuando hablamos con nosotros mismos, en voz baja o en voz alta, aunque no lo reconozcamos públicamente. Practicar el arte de hablarnos es de gran utilidad a la hora de fomentar sentimientos agradables, defender nuestra autoestima, y protegernos del desánimo y del sentimiento de indefensión. Como dice el viejo proverbio, para ser felices lo primero es estar contentos con nosotros mismos y lo segundo —añado yo— es reconocerlo en voz alta.*

Las ocupaciones o actividades que nos estimulan física o intelectualmente y nos permiten poner en práctica nuestras aptitudes y talentos avivan sentimientos agradables de gratificación y competencia. En general, invertir energía en perseguir objetivos alcanzables es una estrategia más eficaz que trabajar para evadir desenlaces negativos. Por ejemplo, la persona que se empeña en aislarse y huir de las actividades sociales para evitar ser rechazada por los demás paga un precio alto por esconderse en su trinchera y, a la larga, empeora su situación. Sin embargo, si esta persona logra enfrentarse a la dificultad que le supone relacionarse con otros, casi siempre se verá recompensada, aunque solo sea por haberlo intentado.

A medida que se prolonga la duración de la vida y que la tecnología permite reducir el número de horas laborables, la calidad del tiempo libre se revaloriza y su influencia sobre el estado de ánimo se hace más significativa. Hoy existe un abanico interminable de ofertas para estimular las emocio-

* Luis Rojas Marcos, *Somos lo que hablamos*, 2019.

nes positivas durante el tiempo de ocio. Una buena fórmula para conseguirlo es adoptar un programa regular de actividades placenteras, como reunirnos con amigos, disfrutar de una comida sabrosa o una música grata, pasear por el parque, hacer deporte o salir de excursión. Y no olvidemos el poder explosivo del humor, cuya función primordial es actuar de purgante y liberarnos de sentimientos negativos.

Diversos estudios sobre actividades gratas que realizamos diariamente coinciden en que las más populares para mejorar el estado de ánimo son numerosas: hablar con amigos o familiares, escuchar música, rezar o meditar, ayudar a otros, darse un baño o una ducha, jugar con un animal doméstico, hacer ejercicio, comer, darse una vuelta en el coche y tener relaciones sexuales, entre otras. Para las madres que trabajan fuera de casa, algo tan sencillo como ver a solas un programa de televisión entretenido es una manera más agradable de pasar el tiempo que salir de compras, cocinar o cuidar de los hijos.*

Incluso las pequeñas cosas gratas que nos ocurren en la vida cotidiana tienen una marcada influencia sobre nuestras emociones y nuestra perspectiva. Pensemos en hechos tan sencillos como encontrarnos inesperadamente una moneda, ver unos minutos de una película de risa, recibir un ramo de flores u otro regalo, o enterarnos de que hemos ejecutado bien una tarea: todos ellos son suficientes para aumentar nuestro nivel de optimismo. Esos momentos de

* Daniel Kahneman, «A survey method for characterizing daily life experience», 2004.

alegría tienen además un impacto importante tanto en las decisiones que tomamos como en la creatividad que empleamos para resolver problemas; también se dejan sentir en la memoria, en la capacidad para aprender, en la motivación para embarcarnos en un nuevo proyecto y en la forma de relacionarnos con los demás.

Como contraste, los estados emocionales de gran euforia, producidos por sustancias estimulantes o por acontecimientos extraordinarios, que interrumpen el ritmo del funcionamiento cerebral y requieren ajustes mentales importantes no mejoran necesariamente la disposición a ver las cosas de forma positiva. Por ello, para estimular la perspectiva optimista quizá sea más beneficioso encontrarse cinco euros en la calle que ganar cinco millones a la lotería.

Para mantener un espíritu vitalista es importante realizar nuestras actividades con talante laborioso. En este sentido, en los últimos años se ha confirmado repetidamente que los hombres y las mujeres que ejercitan con regularidad las funciones del cuerpo y las facultades de la mente —como la memoria, el entendimiento y la voluntad— tienden a disfrutar de un estado de ánimo más positivo que quienes no ponen en práctica estas capacidades. La evidencia científica de los efectos positivos y placenteros de la actividad física y mental en nuestro estado de ánimo es, sin duda, convincente. El ejercicio físico regular no solo nos permite resistir mejor las contrariedades que pueden minar nuestro entusiasmo, sino que aumenta la producción de endorfinas —las hormonas que ejercen efectos agradables— y, además, favorece la calidad de nuestro descanso.

Quienes se prestan desinteresadamente a ayudar a los demás, aunque sea solo una hora a la semana, sufren menos ansiedad, duermen mejor y son más proclives a mantener una perspectiva favorable de la vida que los que no ofrecen ningún tipo de ayuda desinteresada. *Voluntariar* —un verbo que no existe todavía en las lenguas románicas— es bueno para el estado de ánimo, porque ayudar a los demás también es ayudarse a sí mismo. Y es que el bien común nos favorece a todos.

En la actualidad, las actividades espirituales, incluyendo la meditación, y los ritos místicos en grupo gozan de gran popularidad como fuente de emociones positivas. De hecho, cada día hay más gente que disfruta construyendo su propia espiritualidad sin dioses ni anhelos de eternidad. Sus voces internas de esperanza se alimentan de ideales positivos, como el amor, la justicia, la libertad o la creatividad. Tampoco faltan quienes se regocijan conectándose con la madre naturaleza, disfrutando de la salida o puesta de sol, la brisa del mar o fenómenos similares.

Por último, para fomentar nuestro optimismo o proteger el que ya tenemos, resulta muy eficaz diversificar nuestras fuentes de satisfacción y compartimentarlas. Sirva de metáfora el famoso trasatlántico *Titanic*, que el 15 de abril de 1912 se hundió porque carecía de compartimentos estancos y el torrente de agua lo invadió completamente y destruyó sus entrañas.* A las personas también nos protege una cierta compartimentación de las parcelas gratifican-

* Según el diario *San Francisco Chronicle,* 12 de mayo de 1912.

tes de nuestra vida, y nos ayuda a defendemos mejor en situaciones que amenazan nuestra estabilidad emocional. Por ejemplo, la ruptura de una relación importante es menos dolorosa si nos consideramos competentes en nuestras ocupaciones o contamos con buenos amigos. Lo mismo que los inversores reparten su capital en diversos negocios, es prudente diversificar las parcelas que nutren nuestra satisfacción, para contar así con una base de apoyo más amplia en momentos de inseguridad y poder sentirnos menos amenazados cuando se nos hunde una faceta concreta de la vida. El conocido dicho popular que recomienda no colocar todos los huevos en el mismo cesto es, en efecto, un consejo muy útil.

PRACTICAR LA PERSPECTIVA OPTIMISTA

El segundo método eficaz para estimular el talante optimista consiste en adoptar directamente un estilo de pensar positivo. Para ello, lo primero que tenemos que hacer es «pensar en cómo pensamos». Con esto quiero decir que hay que analizar, cuestionar y valorar la sensatez, las ventajas y los inconvenientes de los juicios espontáneos que emitimos sobre nosotros mismos, nuestros semejantes, los sucesos que nos afectan, sobre las probabilidades futuras de conseguir lo que deseamos y, en definitiva, sobre la vida en general. El paso siguiente consiste en tratar de moldear nuestra forma de pensar para que sea lo más provechosa, favorable y sensata posible. Nuestra tarea, como ya apuntaba el filósofo William James hace casi un siglo, consiste en adoptar y practicar la nueva forma de pensar, aunque al principio lo hagamos de un modo premeditado o «artificial». Veamos algunos de los aspectos problemáticos más frecuentes de nuestra forma de pensar en situaciones concretas.

Todas las personas elaboramos pensamientos automáticos que resumen la evaluación que hacemos de una situación determinada. A menudo, se trata de ideas forjadas con prejuicios o generalizaciones irreflexivas, que suelen derivar en juicios tan negativos como desacertados. Para ilustrar este punto suelo narrar mi experiencia en un vuelo a España desde Nueva York, donde me tocó por compañera de asiento una señora muy cordial que, antes de abrocharnos los cinturones de seguridad, ya me había interrogado tanto sobre mi identidad como sobre mi vida y milagros. Al mencionar que iba a dar una conferencia sobre el optimismo, la inquisitiva mujer exclamó tajantemente: «¡Pues España está fatal!». Como el viaje es largo, decidí indagar en qué basaba tan contundente afirmación. Sin vacilar, me respondió: «Mire, doctor, ¡vivimos rodeados de maltratadores y de terroristas!». Sorprendido, respondí: «¡Qué horror!... O sea que en su círculo familiar, en su trabajo, en su barrio, abundan los maltratadores». La afable señora deliberó interiormente un momento y contestó, con expresión de extrañeza: «Pues ahora que me paro a pensar, la verdad es que a mi alrededor no, en mi barrio tampoco... Realmente no hay maltratadores». A renglón seguido le pregunté: «Y terroristas... ¿A cuántos conoce?».

No me contestó y los dos guardamos silencio. Para hacerle justicia a mi interlocutora, comparto la explicación que me dio, a modo de despedida: «¡La culpa de lo que le dije la tienen las noticias!». Deduje que, después de razonar, se percató de que había confundido la noticia, esto es, la excepción, con la regla, con lo habitual en la vida normal.

La intuición y el presentimiento son herramientas muy importantes para ayudarnos a decidir. Sin ellas los seres humanos tendríamos gran dificultad para enjuiciar muchas circunstancias, especialmente las más inciertas. La historia de Roger, un joven abogado de veintinueve años, ilustra también cómo ciertos pensamientos que brotan de manera inmediata nos juegan una mala pasada. Este hombre, de aspecto taciturno, vino a verme quejándose de que se sentía desmoralizado porque llevaba mucho tiempo intentando encontrar trabajo sin éxito. Mientras repasábamos paso a paso su búsqueda de colocación, Roger cayó en la cuenta de que, desde la primera vez que vio una oferta interesante en la sección de empleos de un diario, siempre que percibía una oportunidad laboral le venía a la mente el siguiente presentimiento reflejo: «Para qué llamar, pensarán que no tengo nada que ofrecer». Después de reflexionar un rato, ambos coincidimos en que semejante presagio era absurdo y paralizante. A los pocos días, Roger comenzó a acudir a agencias de empleo y unas semanas más tarde encontró trabajo. Las probabilidades de acertar la quiniela son bajísimas, pero si no jugamos son nulas.

La historia de Ana, una médica muy competente y respetada en su especialidad, de treinta y siete años, segura de sí misma y atractiva, también viene al caso. Durante muchos años, Ana había albergado la ilusión de formar una familia. Al mismo tiempo, no podía evitar sentirse pesimista con respecto a sus posibilidades de tener una relación sentimental estable. Cuando le pedí que me explicara sus sentimientos, me respondió: «Estoy convencida de que nunca encontraré pareja, porque ningún hombre está dispuesto a convivir con una mujer tan fuerte ni con tanta personalidad como yo». Acto seguido, añadió con dureza: «¡Simplemente, los asusto!». Cuando le pedí un ejemplo, Ana me confió que hacía poco tiempo había conocido en un acto social a un hombre que, de primeras, le había caído muy bien. Tras un par de horas de charla amigable, él dejó caer con sutileza que se sentía muy bien con ella y le gustaba su manera de ser. Instintivamente, Ana pensó: «Lo único que busca es una relación sexual superficial; si me conociese mejor se sentiría amenazado y echaría a correr». De inmediato, sintió un impulso irresistible de huir, se inventó una urgencia, se disculpó y desapareció sin dejar rastro. Después de recapacitar juntos sobre quién había asustado a quién, llegamos a la conclusión de que quien se había sentido amenazada había sido ella y no a la inversa, como apuntaba su teoría. El argumento que Ana utilizaba para justificar su visión agorera de las perspectivas de forjar una relación era tan tajante y global que, incluso en una situación prometedora como la del ejemplo, no se permitía el menor margen de esperanza.

Otra faceta de nuestra forma de pensar es el estilo que utilizamos para explicar los sucesos que nos afectan. El modelo desarrollado por el psicólogo Martin Seligman, que describí en el capítulo sobre los ingredientes del optimismo, analiza la *permanencia* o duración del impacto de los sucesos, la *penetrabilidad* o extensión que asignamos a sus efectos y la *personalización* o grado de responsabilidad personal que estamos dispuestos a asumir por lo ocurrido. Ahora, a modo de ilustración, consideremos la explicación que Antonio da a la explosión de enfado de su esposa porque, al llegar a casa cansada del trabajo, ella debe afrontar un disgusto de poca importancia: «Isabel es la persona de peor humor del mundo». Tal valoración es ciertamente más pesimista y demoledora que una explicación menos global, como por ejemplo: «Isabel está hoy más enfadada que nunca». Pero puede ser el marido quien pierde los papeles y hace un comentario hostil sobre Isabel. Si la explicación de ella es: «Todos los hombres son abusones y, en el fondo, odian a las mujeres», será menos útil a la hora de tratar de entender, abordar y zanjar la agresión verbal del esposo, un hombre concreto, que si concluye: «Antonio está actuando de una forma injusta y machista».

A la hora de juzgar las circunstancias que nos afectan, son preferibles las explicaciones que minimizan el impacto de los infortunios o facilitan comparaciones ventajosas entre lo que nos sucede a nosotros y a los demás. Como muestra sobre este punto recordemos a los vecinos de la ciudad de Pensacola, en la costa de Florida (Estados Unidos), que sufrieron el devastador huracán Iván, en el otoño de 2004. Cuando amainó la tempestad y pudieron salir de los refugios y retornar a sus casas, se encontraron con sótanos inundados, tejados destrozados, árboles arrancados de cuajo y postes de la luz por los suelos. Pese a este panorama desolador, muchos se consolaron diciéndose: «Podía haber sido peor». El diario *The New York Times* citó incluso lo que le dijo a su madre una niña de diez años, cuando vio su casa convertida en una gran pila de escombros: «Mamá, lo hemos perdido todo, pero ¡tenemos la suerte de estar vivas!».* Meses más tarde, reacciones como esta se multiplicaron entre los supervivientes del apocalíptico maremoto que arrasó las costas de una docena de países del sur de Asia, en las Navidades de 2004.

En el mismo sentido, el psiquiatra Viktor E. Frankl sugirió que para superar la adversidad es muy útil encontrarle algún aspecto positivo. Frankl ilustró su consejo con la siguiente anécdota: «En una ocasión, un viejo médico me consultó sobre la fuerte depresión que padecía. No podía sobreponerse a la pérdida de su esposa, que había muerto hacía dos años, y a quien él había amado por encima de todas las cosas. En vez de decirle algo, le hice la siguiente pregunta: "¿Qué hubiera sucedido, doctor, si usted hubiese muerto primero y su esposa le hubiese sobrevivido?". "Oh —respondió—, para ella hubiera sido terrible, habría sufrido muchísimo", a lo que le repliqué: "Lo ve, doctor, usted le ha ahorrado a su esposa todo ese sufrimiento, pero ahora tiene que pagar por ello sobreviviendo y llorando su muerte"». En otro ejemplo, este prestigioso psiquiatra, que estuvo internado un par de años en varios campos de

---

* Laurie Goodstein, «More religion in the world», 2005.

concentración nazis, durante la Segunda Guerra Mundial, nos contó su experiencia cuando fue transportado a la estación de Auschwitz, donde se realizaba la primera selección de los detenidos que irían a trabajar y los que serían eliminados inmediatamente en los hornos crematorios. «Como el hombre que se ahoga y se agarra a una paja —relató—, mi innato optimismo, que tantas veces me había ayudado a controlar mis sentimientos en las situaciones más desesperadas, se aferró a este pensamiento positivo: algunos prisioneros tienen buen aspecto, parecen estar de buen humor, incluso se ríen; ¿quién sabe?, tal vez consiga compartir su favorable posición y viva para contarlo.»

Efectivamente, el sentido del humor es algo muy serio. Su función principal es ayudarnos a mantener una saludable distancia emocional de los conflictos y las circunstancias que nos amenazan. También nos ayuda a reconocer sin angustiarnos las incoherencias de la vida. En suma, la perspectiva humorística constituye una estrategia muy eficaz, pues actúa de calmante a la hora de explicarnos las cosas que nos inquietan y compartirlas con otros. Echarle sal a la vida, esto es, desplegar una cierta dosis de gracia y ocurrencia, es también es una excelente herramienta para conectarnos con los demás. Y cuando se presenta una crisis, el sentido del humor puede sumarse a los lazos afectivos y solidarios con otras personas.

Hay posturas antioptimistas que, en el fondo, reflejan miedo a las consecuencias de una visión positiva. Pensemos en frases tan comunes como «Si me dejo llevar por el optimismo, seguro que me desilusiono», «Pensar positivo es engañarse a uno mismo» o «El optimismo es peligroso, porque te ciega y no te deja ver la realidad». Quienes las adoptan tienen tendencia a distorsionar negativamente los hechos para evitar que estos apoyen la premisa de que el optimismo es bueno. Son individuos que se centran ante todo en los fallos o los defectos de las cosas y pasan por alto los aspectos positivos de cualquier situación. Por ejemplo, cuando son evaluados en el trabajo, solo se fijan en los comentarios negativos del jefe e ignoran o niegan los positivos. Algo similar ocurre cuando se empeñan en menoscabar una situación favorable con una coletilla desfavorable: «Pues sí, soy competente en mi trabajo, pero de qué me sirve si a mi familia no le interesa». Las lecturas negativas del pensamiento de otros, tanto si son imaginarias como equivocadas, también fomentan la amargura y el desaliento: «Yo sé que estará pensando que soy una idiota» o «Mi novia me va a dejar, lo sé», a pesar de que la otra persona no dio indicación alguna de lo que pensaba. Otra distorsión frecuente consiste en ver las cosas en categorías drásticas de «buenas» y «malas», «siempre y nunca», «todos y ninguno», sin términos medios, o en creer que todo lo que no es perfecto es un fracaso.

Un tipo de pensamientos negativos que minan de un modo particular la autoestima obedecen a lo que podemos llamar la *tiranía del debería*. Se producen cuando la persona piensa que está absolutamente obligada a ser, a sentir o a comportarse de forma utópica, incongruente con su personalidad, incompatible con la situación o, simplemente, imposible de realizar para cualquier ser humano. Hay abundantes ejemplos de esta forma de pensar: «Debería estar siempre de buen humor», «Nunca debería impacientarme», «Debería tener quince o veinte amigos íntimos», «A mis sesenta años y con un triple injerto coronario (NOTA: ¿te refieres a este bypass?), debería subir corriendo por las escaleras al noveno piso sin ahogarme». Estas expectativas irracionales e inalcanzables suelen nutrir sentimientos de fracaso, de culpa, de desmoralización e, incluso, de odio hacia uno mismo. Pero atención: el optimismo tampoco se escapa de la *tiranía del debería*. No son pocos los pacientes profundamente deprimidos que se han fustigado sin piedad en mi presencia, con este tipo de lamentos: «Debería estar sonriente cuando me levanto por las mañanas y le doy los buenos días a mi mujer», «Debería organizar un baile en mi casa para celebrar la promoción de mi hijo», o cosas por el estilo.

Ciertas creencias o suposiciones equivocadas y bastante extendidas tienen también efectos perjudiciales. Entre ellas destacan tres supuestos pesimistas, tan antiguos como populares, que a menudo sirven de base justificativa para la visión deprimente y fatalista del mundo y sus ocupantes. Os confieso que no pasan muchos días sin que me encuentre a alguna persona estancada en el derrotismo a causa de estas presunciones tan nefastas.

Una es la creencia de que los mortales somos seres malévolos por naturaleza. Esta idea explica que tanta gente se asombre o exprese incredulidad ante noticias de gestos abnegados o altruistas. También subyace en los intentos de tantos críticos sociales por buscar motivos interesados en estas conductas bondadosas. El siguiente comentario del filósofo Paul Watzlawick ilustra claramente estos casos: «Para atizar la duda sobre el desinterés y la pureza de intenciones de quien ayuda a un semejante basta preguntarse: ¿lo hace para impresionar?, ¿para causar admiración?, ¿para obligar al otro a estar agradecido?, ¿para acallar sus propios remordimientos de conciencia?... El poder del pensamiento negativo casi no tiene fronteras, pues el que busca encuentra. El pesimista busca por todos lados el talón de Aquiles y descubre que el honrado bombero es, de hecho, un pirómano inhibido; que el valiente soldado da rienda suelta a sus impulsos suicidas inconscientes o a sus instintos homicidas; que el policía se dedica a perseguir criminales para no volverse él mismo un criminal; que todo cirujano es un sádico disfrazado; que el ginecólogo es un *voyeur*, y que el psiquiatra quiere jugar a ser Dios. Ahí tienen, así de sencillo es desenmascarar la podredumbre de las personas».

No obstante, pese a la popularidad del «Piensa mal y acertarás», cada día se acumulan más datos científicos que demuestran que los seres humanos heredamos y transmitimos la bondad a través de nuestro equipaje genético. Por otra parte, cualquiera que observe sosegadamente a sus allegados y a los miembros de la comunidad en la que vive no tendrá más remedio que reconocer que la gran mayoría es gente pacífica, generosa y solidaria.

Una segunda generalización pesimista, igualmente descaminada, afirma que la humanidad nunca ha vivido en tan pésimas condiciones y el futuro se vislumbra aún peor. Todos conocemos personas cuya visión implacable del oscuro destino del género humano no se altera lo más mínimo ante las innegables, continuas y espectaculares mejoras experimentadas en mortalidad infantil, esperanza de vida, educación, libertades individuales, derechos de las mujeres y de los niños. Pero si repasamos nuestra historia, resulta muy difícil rechazar que, con todos sus altibajos, el progreso del mundo ha sido evidente. Y en cuanto al futuro de nuestra especie, quizá con la excepción de la célebre Casandra, que, dotada por Apolo del don de la profecía, acertó al vaticinar la masacre de los troyanos a manos de los griegos, todos los profetas agoreros y demás visionarios que han augurado un final apocalíptico han desbarrado, desde Jeremías hasta Herbert Wells, pasando por San Juan, Zaratustra, Nostradamus y Thomas Malthus, por citar solo a un pequeño mosaico de pesimistas recalcitrantes, a quienes la Historia ha puesto en evidencia.

La tercera declaración pesimista sin base científica alguna sostiene que la humanidad es desdichada. Esta idea se alimenta de las desgracias y calamidades que arrojan sin cesar los medios de comunicación para captar nuestra atención. En el fondo, no podemos evitar sentirnos atraídos e, incluso, fascinados por las tragedias. Sin embargo, cientos de estudios internacionales demuestran que, en circunstancias normales y en términos globales, los hombres y las mujeres se sienten dichosos. En los últimos quince años un grupo de especialistas europeos y estadounidenses han examinado metódicamente el grado de dicha de las personas.* Sus investigaciones han confirmado que hasta un 75 por ciento de los habitantes del planeta se considera contento con su vida. Su nivel de dicha es independiente de la edad, el sexo, la posición económica, la apariencia física, la ocupación, el coeficiente de inteligencia o la raza.

Sobre esta base, en los últimos años suelo concluir mis conferencias acerca de la salud o el bienestar de las personas haciendo al público la siguiente propuesta: en primer lugar, le animo a que se concentre y evalúe interiormente su «satisfacción con la vida *en general*». Lo de *en general* es importante, pues quiero evitar que mis oyentes se dejen influir por alguna molestia o preocupación que los aflija en ese momento. A continuación, les pido que se imaginen una escala graduada del 0 (muy insatisfechos) al 10 (muy satisfechos). Acto seguido, ruego a todos aquellos que se den un 5 o más que alcen el brazo. Pues bien, en todas las ocasiones, la mayoría lo hace, y aún son más los que se sorprenden de este resultado de mi pequeña encuesta. Ya sé que no se puede descartar la posibilidad de que algunos exterioricen un nivel de satisfacción que realmente no sienten. No obstante, la deducción más razonable es que si una persona declara estar satisfecha es porque lo está. No he conocido a nadie feliz que no piense que lo es.

El poder seductor de estas tres generalizaciones pesimistas y erradas se basa en que sirven de justificación a

---

* Véanse Michael Argyle, Ronald Inglehart, David Lykken, David Myers, Ed Diener y Ruut Veenhoven.

mucha gente para aferrarse a una visión resignada del mundo y sus residentes. Yo diría, sin embargo, que la perspectiva más provechosa y sensata de la vida no es la de quienes se lamentan de la humanidad sin considerar sus atributos positivos, sino la de aquellos que la aprecian, después de haber sopesado sus aspectos negativos.

Gracias a la gran capacidad humana de razonar, de aprender y de cambiar, las personas que se lo proponen, y están dispuestas a invertir su tiempo y esfuerzo en el empeño, tienen la posibilidad de aumentar su predisposición natural al optimismo. Todo ello —aclarémoslo— sin perder la aptitud para distinguir entre fantasía y realidad. Ejercer de optimista realista consiste, por un lado, en promover con regularidad estados de ánimo positivos, mediante estrategias destinadas a aumentar la satisfacción que extraemos de las diversas parcelas de la vida. Pero también implica moldear nuestra forma de pensar, con el fin de maximizar las percepciones, explicaciones y perspectivas favorables de las cosas, incluyendo la valoración del esfuerzo que uno invierte en este ejercicio.

La estrecha vinculación que existe entre nuestro estado emocional y nuestros pensamientos nos ofrece la oportunidad de fomentar la disposición optimista trabajando simultáneamente en el estado de ánimo y en la forma de pensar. De esta manera, al mismo tiempo que plasmamos nuestros sentimientos positivos en nuestras explicaciones de las cosas, también podemos modular nuestras emociones con pensamientos positivos.

Labor de muchos

Nadie puede silbar solo una sinfonía. Es necesaria una orquesta.

HALFORD E. LUCCOCK,
365 ventanas, 1943

De despedida, queridos lectores y lectoras, quiero deciros que, a diferencia de algunos colegas que se inspiran y eligen anotar sus ideas y emociones en un ambiente de tranquilidad y recogimiento, yo prefiero hacerlo en compañía de una comunidad curiosa e indulgente. Por eso, me complace dar las gracias a un grupo de personas muy queridas que me han ayudado con su inagotable apoyo, estímulo y sugerencias. Siguiendo el abecedario: Mercedes Hervás, María Ivanova, Montserrat Prats, Bruno Rojas-Marcos, Laura Rojas-Marcos y Gustavo Valverde. También quiero expresar mi agradecimiento a Laura Álvarez y a Carlos Martínez, de Penguin Random House, por su confianza, entusiasmo y consejos editoriales.

A mis apreciados colegas de la Fundación La Caixa les agradezco la oportunidad que me brindaron hace años de participar en el desarrollo de proyectos sociales y de salud pública muy novedosos, optimistas y eficaces, como «Aprender a vivir», «Familias canguro» y «Ciberaulas hospitalarias», que fueron para mí fuente muy rica de inspiración. También quiero expresar mi agradecimiento a la editorial Aguilar por publicar *La fuerza del optimismo* en 2005, libro que forma las semillas de este ensayo.

En un radio de influencia más amplio, debo decir que he sido afortunado por contar con las ondas refrescantes que emanan los neoyorquinos, un pueblo abierto y generoso que hace algo más de medio siglo me acogió sin conocerme —ni entenderme—, y por el que solo siento cariño y gratitud. No creo que existan muchos rincones en el mundo donde se pueda discurrir sobre el pensamiento positivo mejor que en Nueva York. Después de todo, esta urbe universal, apodada cariñosamente por los músicos de jazz del siglo pasado «La Gran Manzana», es el paraíso de las aspiraciones y las oportunidades, un lugar único donde la esperanza del buen futuro siempre entierra al mal pasado. A la hora de investigar el optimismo, no se puede pedir más.

Notas y referencias bibliográficas

1. Optimismo: vacuna contra la desesperanza

Carver, Charles S., *et al.*, «Optimism», *Clinical Psychology Review*, n.º 30, 2010, pp. 879-889.

Gillham, Jane E., y Seligman, Martin E. P., «Footsteps on the road to positive psychology», *Behaviour Research and Therapy*, n.º 37, 1999, pp. 163-173.

Herzberg, P. Y., Glaesmer, H., y Hoyer, J., «Separating optimism and pessimism: A robust psychometric analysis of the revised Life Orientation Test (LOT-R)», *Psychological Assessment*, n.º 18, 2006, pp. 433-438.

Morris, J. N., «Exercise, health, and medicine», *British Medical Journal*, n.º 286, 1983, pp. 1.597-1.598.

Myers, David G., *The pursuit of happiness,* Avon Books, Nueva York, 1992.

——, «The funds, friends and faith of happy people», *American Psychologist*, n.º 55, 2000, pp. 56-67.

Rojas Marcos, Luis, *Más allá del 11 de septiembre, la superación del trauma*, Barcelona, Espasa, 2002.

——, *La fuerza del optimismo*, Madrid, Santillana, 2005.

——, *Superar la adversidad*, Barcelona, Espasa, 2010.

——, «Cómo afrontar el confinamiento», *El País*, 28 de marzo de 2020.

Salk, Jonas E., *Anatomy of Reality*, Nueva York, Columbia University Press, 1983.

Seligman, Martin E. P., y Cskszentmihalyi, Mihaly, «Positive psychology: An introduction», *American Psychologist*, n.° 55, 2000, pp. 5-14.

Snyder, C. R., y Lopez, Shane J., *Handbook of Positive Psychology*, Nueva York, Oxford University Press, 2002.

Vaughan, Susan C., *Half Empty, Half Full*, Nueva York, Harcourt, 2000.

2. Formas de ver la vida

Aristóteles, *Moral, a Nicómaco* (*c.* 350 a.C.), Madrid, Colección Austral, 1978.

Calder, Nigel, *Einstein's Universe*, Londres, Penguin Books, 1980.

Campoamor, Ramón de, *Doloras*, Simancas, 1982.

Caspi, Avshalom; Moffitt, Terrie, *et al.*, «Genes, estrés y depresión», *Science*, 18 de julio de 2003.

Chang, Edward C., *Optimism & pessimism*, Washington D. C., American Psychological Association, 2001.

——, «Cultural variations in optimistic and pessimistic bias: Easterners and Westerners», *Journal of Counseling Psychology*, n.° 14, 1996, pp. 113-123.

Davidson, Richard, «Affective styles and affective disorders: perspectives from neuroscience», *Cognition and Emotion*, n.° 12, 1998, pp. 307-330.

Diener, Ed, *Culture and subjective well-being*, Cambridge, Massachusetts Institute of Technology, 2000.

Dillard, Amanda J., *et al.*, «The Dark Side of Optimism: Unrealistic Optimism», *Personality and Social Psychology Bulletin*, agosto de 2009.

Easterbrook, Gregg, *The Progress Paradox*, Nueva York, Random House, 2003.

Edgerton, Robert B., *Sick Societies: Challenging the Myth of Primitive Harmony*, Nueva York, Free Press, 1992.

Einstein, Albert, *El mundo como yo lo veo*, Barcelona, Plutón, 2017.

Fox, Elaine, *et al.*, «Looking on the bright side: biased attention and the human serotonin transporter gene», *Proceedings of the Royal Society*, n.º 276, 2009, pp. 1.747-1.751.

Freud, Sigmund, *El malestar en la cultura* (1930), Madrid, Alianza Editorial, 1970.

Friedman, Thomas L., «Worried optimism on Iraq», *The New York Times*, 21 de septiembre de 2003.

Fromkin, David: *The Way of the World*, Nueva York, Alfred A. Knopf, 1999.

Fromm, Erich, *El arte de amar* (1956), Barcelona, Paidós, 1992.

Halperin, Morton A., *The Democracy Advantage*, Nueva York, Routledge Publishers, 2005.

Hecht, David, «The Neural Basis of Optimism and Pessimism», *Experimental Neurobiology*, vol. 22, n.º 3, 2013, pp. 173-199.

Ieseppä, Tuula, *et al.*, «High concordance of bipolar I disorder in nationwide sample of twins», *American Journal of Psychiatry*, n.º 161, 2004, pp. 1.814-1.821.

James, William, *The Principles of Psychology*, Nueva York, Dover Publications, 1918.

Jefferson, Anneli, *et al.*, «What is unrealistic optimism», *Consciousness and Cognition*, n.º 50, 2017, pp. 3-11.

Keller, Helen, *Optimism*, Nueva York, T. Y. Crowell and Co., 1903.

Kierkegaard, Søren, *Journals and papers* (1846), Bloomington (Indiana), 1968.

King, L. A., y Napa, C. K., «What makes a good life?», *Journal of Personality and Social Psychology*, n.° 75, 1998, pp. 156-165.

Kuepper, Y., *et al.*, «5-HTTLPR S-allele: a genetic plasticity factor regarding the effects of life events on personality?», *Genes, Brain and Behavior*, n.° 11, 2012, pp. 643-650.

Lai, Han, *et al.*, «Neurostructural correlates of optimism: Gray matter density in the putamen predicts dispositional optimism in late adolescence», *Human Brain Mapping*, 2019, pp. 1-13.

Lee, Y. T., y Seligman, Martin, «Are Americans more optimistic than the Chinese?», *Personality and Social Psychology Bulletin*, n.° 23, 1997, pp. 32-40.

Lykken, David, «Research with twins», *Psychophysiology*, n.° 19, 1982, pp. 361-367.

—, *Happiness, What Studies of Twins Show us*, Nueva York, Golden Books, 1999.

Masten, Ann S., *et al.*, «Competence in the context of adversity: pathways to resilience and maladaptation from childhood to late adolescence», *Development and Psychopathology*, n.° 11, 1999, pp. 143-169.

McCrae, Robert R., «Personality trait structure as a human universal», *American Psychology*, n.° 52, 1997, pp. 509-516.

McCullough, Michael E., *et al.*, «Interpersonal forgiving in close relationships», *Journal of Personality and Social Psychology*, n.° 75, 1998, pp. 1.586-1.603.

Myers, David G., «Hope and Happiness», en *The Science of Optimism and Hope*, editado por Jane E. Gillham, Pensilvania, Templeton Foundation Press, 2000.

Nardi, Bernardo, *et al.*, «Role of 5–HTTLPR Polymorphism in the Development of the Inward/Outward Personality Organization: A Genetic Association Study», *Public Library of Science*, n.º 8, 2013, p. 12.

Oettingen, Gabriele, *et al.*, «Pessimism and behavioral signs of depression in East versus West Berlin», *European Journal of Social Psychology*, n.º 20, 1990, pp. 207-220.

Ortega y Gasset, José, *La rebelión de las masas*, Madrid, Revista de Occidente, 1930.

Peterson, Christopher, *Positive Development, Realizing the Potential of Youth*, California, Sage Publications, 2004.

Plomin, Robert, *et al.*, «Optimism, pessimism and mental health, a twin adoption analysis», *Personality and Individual Differences*, n.º 13, 1992, pp. 921-930.

Porter, Eleanor H., *Pollyanna*, Barcelona, Biblok, 2010.

Russell, Bertrand, *La conquista de la felicidad* (1930), Madrid, Colección Austral, 1999.

Sartre, Jean-Paul: *Being and nothingness*, Gallimard, París, 1943. [Hay trad. cast.: *El ser y la nada*, Buenos Aires, Losada, 2013.]

Schopenhauer, Arthur: *The World as Will and Representation* (1818), Nueva York, Dover Publications, 1958. [Hay trad. cast.: *El mundo como voluntad y representación*, Madrid, Alianza, 2010.]

Schulman, Peter, *et al.*, «Is optimism heritable? A study of twins», *Behavior Research and Therapy*, n.º 31, 1993, pp. 569-574.

Shedler, Jonathan, «Dimensions of personality pathology: An alternative to the five-factor model», *American Journal of Psychiatry*, n.º 161, 2004, pp. 1.743-1.753.

Shepperd, J. A.; Pogge, G., y Howell, J. L., «Assessing the consequences of unrealistic optimism: Challenges and recommendations», *Consciousness and Cognition*, n.º 50, 2017, pp. 69-78.

Triandis, Harry, *Individualism and Collectivism*, Boulder, Colorado, Westview Press, 1995.

Unamuno, Miguel de, *Del sentimiento trágico de la vida* (1913), Madrid, Alianza Editorial, 1986.

Voltaire, François Arouet de, *Cándido o el optimismo* (1759), Madrid, EDAF, 1994.

—, *Diccionario filosófico* (1764), Madrid, Temas de Hoy, 1995.

Wundt, Whilhelm M., *Principles of Physiological Psychology*, Nueva York, Periodical Services, 1910.

Zuckerman, Marvin, *Psychobiology of Personality*, Cambridge (Reino Unido), Cambridge University Press, 1991.

3. Ingredientes del optimismo

Bandura, Albert, *Social Foundations of Thought and Action: A Social Cognitive Theory*, Englewood Cliffs, New Jersey, Prentice-Hall, 1986.

Bloomfield, Harold, *Making Peace with Your Past*, Nueva York, Quill, 2001.

Festinger, Leon, *A Theory of Cognitive Dissonance*, Evanston (Illinois), Peterson, 1957.

Freud, Sigmund, «Humour», *The International Journal of Psycho-analysis*, n.º 9, 1928, pp. 1-6.

Garrett, N., y Sharot, T., «Optimistic update bias holds firm: Three tests of robustness following Shah et al.», *Consciousness and Cognition*, n.º 50, 2017, pp. 12-22.

Gillham, Jane E., *The Science of Optimism and Hope*, Filadelfia, Templeton Foundation Press, 2000.

Gracián, Baltasar: *El criticón* (1651), Madrid, Edición de Santos Alonso, Cátedra, 2001.

Hiroto, D. S., «Locus of control and learned helplessness», *Journal of Experimental Psychology*, n.º 102, 1974, pp. 187-193.

Lightman, Alan, *Einstein Dreams*, Nueva York, Warner Books, 1993.

Litt, Mark D., *et al.*, «Coping factors in adaptation to in vitro fertilization failure», *Journal of Behavioral Medicine*, n.º 15, 1882, pp. 171-187.

Maier, Steven, y Seligman, Martin, «Learned helplessness, theory and evidence», *Journal of Experimental Psychology*, n.º 105, 1976, pp. 3-46.

Marías, Julián: *La felicidad humana*, Madrid, Alianza Editorial, 1987.

Morris, Richard G. M., «Spatial memory», *Learning and Motivation*, n.º 12, 1989, pp. 239-260.

Norem, Julie K., *The Positive Power of Negative Thinking*, Nueva York, Basic Books, 2001.

Pavlov, Ivan P., *Selected Works (1889-1904)*, California, University Press of the Pacific, 2001.

Rojas Marcos, Luis, *Eres tu memoria*, Barcelona, Espasa, 2011.

Rorschach, Hermann, «Psychodiagnostik», *Arbeiten zur angewandten Psychiatrie*, n.º 2, 1921.

Rubin, David C., *Remembering our past: studies in autobiographical memory*, Nueva York, Cambridge University Press, 1995.

Sanderson, William C., *et al.*, «The influence of an illusion of control on the panic attacks induced via inhalation of 5.5% carbon dioxide-enriched air», *Archives of General Psychiatry*, n.º 46, 1989, pp. 157-162.

Savater, Fernando: *El contenido de la felicidad*, Madrid, Ediciones El País, 1986.

Seligman, Martin E. P., *Learned optimism*, Nueva York, Alfred A. Knopf, 1991.

Snyder, C. R., *Handbook of hope*, Nueva York, Academic Press, 2000.

——, «Development and validation of State Hope Scale», *Journal of Personality and Social Psychology*, n.º 2, 1996, pp. 321-335.

Taylor, Shelley E., *Positive Illusions*, Nueva York, Basic Books, 1989.

The, Anne-Mei, *et al.*, «Communication to cancer patients about imminent death», *British Medical Journal*, n.º 321, 2000, pp. 1.376-1.381.

Thomson, Charles P., *et al.*, *Autobiographical Memory*, New Jersey, Lawrence Erlbaum, 1998.

Tiger, Lionel, *Optimism, the Biology of Hope*, Nueva York, Simon & Schuster, 1979.

Vaillant, George E., «The mature defenses: antecedents of joy», *American Psychologist*, n.º 55, 2000, pp. 89-98.

Veenhoven, Ruut, «The utility of happiness», *Social Indicators Research*, n.º 22, 1988, pp. 333-354.

Watson, John B., «The little Albert study», *Journal of Experimental Psychology*, n.º 3, 1920, pp. 1-14.

Wilson, David S., *Darwin's Cathedral: Evolution, Religion and the Nature of Society*, Chicago, University of Chicago Press, 2002.

4. Optimismo en acción

Abramson, Lyn, *et al.*, «Optimistic cognitive styles and invulnerability to depression», en *The Science of Optimism and*

Hope, editado por Jane Gillman, Londres, Templeton Foundation Press, 2000.

Affleck, Glenn, *et al.*, «Daily processes in coping with chronic pain», en *Handbook of Coping*, editado por M. Zeidner, Nueva York, Wiley, 1996.

Aspinwall, Lisa, «Making a case for optimism», *The New York Times*, 20 de junio de 2000.

Aspinwall, Lisa *et al.*, «Distinguishing optimism from denial: Optimistic beliefs predict attention to health threats», *Personality and Social Psychology Bulletin*, n.° 22, 1996, pp. 993-1.003.

Baruch, Grace, y Barnett, Rosaline, «Role quality and psychological well-being in midlife women», *Journal of Personality and Social Psychology*, n.° 51, 1986, pp. 578-585.

Beauvoir, Simone de, *La vejez* (1970), EDHASA, Barcelona, 1989.

Carver, Charles: «Optimism, pessimism and postpartum depression», *Cognitive Therapy and Research*, n.° 11, 1987, pp. 449-462.

Chang, Edward C., *Optimism & pessimism*, Washington D. C., American Psychological Association, 2001.

——, «Cultural variations in optimistic and pessimistic bias: Easterners and Westerners», *Journal of Counseling Psychology*, n.° 14, 1996.

Cobb, Leonard, *et al.*, «An evaluation of internal-mammary artery ligation by a double blind technique», *The New England Journal of Medicine*, n.° 260, 1959, pp. 1.115-1.118.

Darwin, Charles, *La expresión de las emociones*, Pamplona, Laetoli, 2009.

Davis, Christopher, y Nolen-Hoeksema, Susan, «Loss and meaning», *American Behavioral Scientist*, n.º 44, 2001, pp. 726-741.

Dember, William N., «The optimism-pessimism instrument: Personal and social correlates», en *Optimism & pessimism*, editado por Edward C. Chang, Washington D. C., American Psychological Association, 2001.

Descartes, René, *Discurso del método y Meditaciones metafísicas*, Madrid, Tecnos, 2018.

Dimond, Grey, y Cobb, Leonard, «Comparison of internal mammary ligation and sham operation for angina pectoris», *American Journal of Cardiology*, n.º 5, 1960, pp. 483-486.

Egeland, Jan, «Comments on flood relief», *The New York Times*, 3 de enero de 2005.

Fincham, Frank D., *et al.*, «The longitudinal relation between attributions and marital satisfaction», *Journal of Family Psychology*, n.º 14, 2000, pp. 267-285.

Frade, Cristina, «Eric Lemarque "Mordido" por la Montaña helada», *El Mundo*, 6 de marzo de 2004.

Frankl, Viktor E., *El hombre en busca de sentido* (1946), Barcelona, Herder, 1979.

Fromm, Erich, *El arte de amar* (1956), Barcelona, Paidós, 1992.

Galton, Francis, «Vox Populi», *Nature*, 1907.

Giltay, Erik J., *et al.*, «Dispositional optimism and all cause and cardiovascular mortality in a prospective cohort of elderly Dutch men and women», *Archives of General Psychiatry*, n.º 61, 2004, pp. 1.126-1.135.

Giltay, Erik J., *et al.*, «Dispositional optimism and the risk of depressive symptoms during 15 years of follow-up: The Zutphen Elderly Study», *Journal of Affective Disorders*, n.º 91, 2006, pp. 45-52.

Given, Charles, W., *et al.*, «The influence of cancer patients' symptoms and functional status on patients' depression and family caregivers' reaction and depression», *Health Psychology*, n.° 12, 1993, pp. 277-285.

Goode, Erica, «NASA and who is wanted in space», *The New York Times*, 12 de enero de 2004.

Goodwin, Pamela J., *et al.*, «The effect of group psychological support on survival in metastatic breast cancer», *The New England Journal of Medicine*, n.° 345, 2001, pp. 1.719-1.726.

Gould, Stephen J., *Tragic optimism for a millennial dawning*, Chicago, Encyclopedia Britannica Inc., 1999.

Gracely, Richard, *et al.*, «Clinicians expectations influence placebo analgesia», *Lancet*, n.° 8.419, 1985, pp. 43-44.

Hackett, T. P., *et al.*, «Effect of denial on cardiac health and psychological assessment», *American Journal of Psychiatry*, n.° 139, 1982, pp. 1.477-1.480.

Idler, Ellen, *et al.*, «Health perceptions and survival», *Journal of Gerontology*, n.° 46, 1991, pp. 55-65.

James, William, *The principles of psychology*, Nueva York, Dover Publications, 1918.

Kahneman, Daniel, y Lovallo, Dan, «Timid choices and bold forecasts», *Management Science*, 1 de enero de 1993.

Kaplan, G. A., *et al.*, «Perceived health and mortality», *American Journal of Epidemiology*, n.° 117, 1983, pp. 292-304.

King, Jr., Martin Luther: *A Testament of Hope*, San Francisco, HarperCollins, 1986.

Lanza, Frank, *et al.*, «Double-blind comparison of lansoprazole, ranitidine and placebo in the treatment of acute duodenal ulcer», *American Journal of Gastroenterology*, n.° 89, 1994, pp. 1.191-1.200.

Lee, Lewina O., *et al.*, «Optimism is associated with exceptional longevity in 2 epidemiologic cohorts of men and women», *Proceedings of the National Academy of Sciences of US*, vol. 116, n.º 37, 2019, pp. 18.357-18.362.

Linde, C., *et al.*, «Placebo effect of pacemaker implantation in obstructive hypertrophic cardiomyopathy», *American Journal of Cardiology*, n.º 83, 1999, pp. 903-907.

L'Engle, Madeleine, *Una arruga en el tiempo*, Barcelona, Gran Travesía, 2017.

Linley, Alex, y Joseph, Stephen, «Positive change following trauma and adversity: A review», *Journal of Traumatic Stress*, n.º 17, 2004, pp. 11-21.

Luo, J., e Isaacowitz, D. M., «How optimists face skin cancer information: Risk assessment, attention, memory, and behavior», *Psychology and Health*, n.º 22, 2007, pp. 963-984.

Luskin, Fred, *Forgive for Good*, San Francisco, Harper, 2002.

MacLeod, A. K., y Conway, C., «Well-being and the anticipation of future positive experiences: The role of income, social networks, and planning ability», *Cognition and Emotion*, n.º 19, 2005, pp. 357-374.

Marañón, Gregorio, «The psychology of gesture», *Journal of Nervous and Mental Diseases*, n.º 112, 1950, pp. 469-497.

Marcus, Amy D., «The tyranny of positive thinking», *The Wall Street Journal*, 6 de abril de 2004.

Maruta, Toshihiko, *et al.*, «Optimists vs pessimists: survival rate among medical patients over a 30-year period», *Mayo Clinic Proceedings*, n.º 75, 2000, pp. 140-143.

Moerman, E. Daniel, *Meaning, Medicine and the Placebo Effect*, Nueva York, Cambridge University Press, 2002.

Mossey, J. M., *et al.*, «Self-rated health: A predictor of mortality among the elderly», *American Journal of Public Health*, n.º 72, 1982, pp. 800-808.

Myers, David G., y Diener, Ed., «The pursuit of happiness», *Scientific American*, n.º 5, 1996, pp. 54-56.

Nolen-Hoeksema, Susan, *et al.*, *Coping with Loss*, New Jersey, Erlbaum, 1999.

Okun, Morris, *et al.*, «Health and subjective well-being: A meta-analysis», *International Journal of Aging and Human Development*, n.º 19, 1984, pp. 111-132.

Peterson, Christopher, *et al.*, «Pessimistic explanatory style is a risk factor for physical illness: A thirty-five-year longitudinal study», *Journal of Personality and Social Psychology*, n.º 55, 1988, pp. 23-27.

——, «Catastrophizing and untimely death», *Psychological Science*, n.º 9, 1998, pp. 127-130.

Petrovic, Predrag, «Drugs and placebo look alike in the brain» (Constance Holden), *Science Magazine*, 8 de febrero de 2002. También en «Neurociencia», *El País,* 24 de febrero de 2004.

Pinker, Steven, *Los ángeles que llevamos dentro*, Barcelona, Paidós, 2018.

Rasmussen, Heather N.; Scheier, Michael F., y Greenhouse, Joel B., «Optimism and physical Health: A Meta-analytic Review», *Annals of Behavioral Medicine*, n.º 37, 2009, pp. 239-256.

Rojas Marcos, Luis, *Autoestima, nuestra fuerza secreta*, Barcelona, Espasa, 2000.

——, *La pareja rota*, Madrid, Espasa, 2003.

——, «Elecciones en EE UU y optimismo», *El País*, 18 de octubre de 2004.

——, «Cuando el optimismo es noticia», *El País*, 12 de enero de 2005.

Russell, Bertrand, *La conquista de la felicidad* (1930), Madrid, Colección Austral, 1999.

Scheier, Michael F., y Carver, Charles, «Optimism, coping, and health: Assessment and implications of generalized outcome expectancies», *Health Psychology*, n.° 4, 1985, pp. 219-247.

Scheier, Michael F., *et al.*, «Optimism, pessimism and psychological well-being», en *Optimism & pessimism*, editado por Edward C. Chang, Washington D. C., American Psychological Association, 2001.

Schneider, Lon, *et al.*, «An 8-week multicenter, parallel-group, double-blind, placebo-controlled study of sertraline in elderly outpatients with major depression», *American Journal of Psychiatry*, n.° 160, 2003, pp. 1.277-1.285.

Schwartz, John, «NASA official held on to hope in the shuttle's final moments», *The New York Times*, 15 de febrero de 2003.

Segerstron, S. C., «Optimism and resources: Effects on each other and on health over 10 years», *Journal of Research in Personality*, n.° 41, 2007, pp. 772-786.

Segerstron, S. C., y Solberg Nes, L., «When goals conflict but people prosper: The case of dispositional optimism», *Journal of Research in Personality*, n.° 40, 2006, pp. 675-693.

Seligman, Martin E. P., *et al.*, «Explanatory style as a predictor of performance as a life insurance agent», *Journal of Personality and Social Psychology*, n.° 50, 1986, pp. 832-838.

——, «Explanatory style as a mechanism of disappointing athletic performance», *Psychological Science*, n.° 1, 1990, pp. 143-146.

Shapiro, Arthur K., *The powerful placebo*, Baltimore, Johns Hopkins University Press, 1997.

Shaw, George Bernard, *The Revolutionist's Handbook*, 1903.

Sheridan, Robert, *et al.*, «Long-term outcome of children surviving massive burns», *Journal of the American Medical Association*, n.° 283, 2000, pp. 69-73.

Sims, John y Baumann, Duane, «The tornado threat: coping styles in the north and south», *Science*, n° 176, 1972, pp. 1.386-1.392.

Smith, T., «Optimism and surgeons», *British Medical Journal*, n.° 308, 1994, pp. 1.305-1.306.

Smyth, Joshua M., *et al.*, «Effects of writing about stressful experiences on symptom reduction in patients with asthma or rheumatoid arthritis», *Journal of the American Medical Association*, n.° 281, 1999, pp. 1.304-1.309.

Solomon, Deborah, «Questions for Stephen Hawking», *The New York Times Magazine*, 12 de diciembre de 2004.

Sperling, Michael B., y Berman, William H., *Attachment in Adults: Theory, Assessment and Treatment*, Nueva York, Guildford, 1994.

Spiegel, David, «Healing words, emotional expression and disease outcome», *Journal of the American Medical Association*, n.° 281, 1999, pp. 1.328-1.329.

Taylor, Shelley E., *Positive Illusions*, Nueva York, Basic Books, 1989.

Tennen, Howard, y Affleck, Glenn, «Finding benefits in adversity», en *Coping, the Psychology of What Works*, editado por C. R. Snyder, Nueva York, Oxford University Press, 1999.

Vaillant, George E., «Mental Health», *American Journal of Psychiatry*, n.° 160, 2003, pp. 1.373-1.384.

——, *How harmful is happiness*, Róterdam, Universitaire Press, 1989.

Veenhoven, Ruut, «The utility of happiness», *Social Indicators Research*, n.° 22, 1988.

Weick, Karl E., *Making Sense of the Organization*, Nueva York, Blackwell, 2001.

Williams, Redford, *et al.*, «Psychosocial risk factors for cardiovascular disease», *Journal of the American Medical Association*, n.° 290, 2003, pp. 2.190-2.192.

Wolf, Steward, *Human Gastric Function: An Experimental Study of a Man and his Stomach*, Nueva York, Oxford University Press, 1947.

——, «Effects of suggestion and conditioning on the action of chemical agents in human subjects: The pharmacology of placebos», *Journal of Clinical Investigation*, n.° 29, 1950, pp. 100-109.

Yan, Lijing, *et al.*, «Psychosocial factors and risk of hypertension», *Journal of the American Medical Association*, n.° 290, 2003, pp. 2.138-2.148.

Yehuda, Rachel, «Post-traumatic stress disorder», *The New England Journal of Medicine*, n.° 346, 2002, pp. 108-114.

Zullow, Harold, *et al.*, «Pessimistic explanatory style in the historical record», *American Psychologist*, n.° 43, 1988, pp. 673-682.

Zullow, Harold, y Seligman E. P., «Pessimistic rumination predicts defeat of presidential candidates», *Psychological Inquiry*, n.° 1, 1990, pp. 5-9.

5. Venenos del optimismo

Beck, Aaron T., *Cognitive Therapy and the Emotional Disorders*, Nueva York, International Universities Press, 1976.

——, *Cognitive Therapy of Depression*, Nueva York, The Guiford Press, 1979.

——, «Relationship between hopelessness and ultimate suicide», *American Journal of Psychiatry*, n.° 147, 1990, pp. 190-195.

Bettelheim, Bruno, *Sobrevivir*, Barcelona, Crítica, 1983.

Bowlby, John, *Attachment and Loss*, Londres, Hogarth Press, 1975.

Cassem, Edwin H., «Depressive disorders in the medically ill», *Psychosomatics*, n.° 36, 1995, pp. 2-10.

Dubovsky, Steven, L., *Mind-body Deceptions,* Nueva York, W. W. Norton, 1997.

Galea, Sandro, *et al.*, «Psychological sequelae of the September 11 terrorist attacks in New York City», *The New England Journal of Medicine*, n.º 346, 2002, pp. 982-987.

Glassman, Alexander, *et al.*, «Depression and the course of coronary artery disease», *American Journal of Psychiatry*, n.º 155, 1998, pp. 4-11.

Jong, Joop T., *et al.*, «Lifetime events and posttraumatic stress disorder in 4 post conflict settings», *Journal of the American Medical Association*, n.º 286, 2001, pp. 555-562.

Kendler, Kenneth S., *et al.*, «Causal relationship between stressful life events and the onset of major depression», *American Journal of Psychiatry*, n.º 156, 1999, pp. 837-841.

Klerman, Gerald, y Weissman, M., «Increasing rates of depression», *Journal of the American Medical Association*, n.º 261, 1989, pp. 2.229-2.235.

Krug, Etienne G., *et al.*, «Suicide after natural disasters», *The New England Journal of Medicine*, n.º 338, 1998, pp. 373-378.

Olfson, Mark, *et al.*, «National trend in the outpatient treatment of depression», *Journal of the American Medical Association*, n.º 287, 2002, pp. 203-209.

Organización Mundial de la Salud, «War, murder and suicide: A year's toll is 1.6 million», *The New York Times*, 3 de octubre de 2002.

Styron, William, *Darkness Visible*, Nueva York, Random House, 1990.

Vaillant, George E., «Natural history of male psychological health, XIV: Relationship of mood disorder vulnerability to physical health», *American Journal of Psychiatry*, n.º 155, 1990, pp. 184-191.

Argyle, Michael, *The Psychology of Happiness*, East Sussex (Reino Unido), Routledge, 2001.

Dalgleish, Tim, y Power, Mick, *Handbook of Cognition and Emotion*, Nueva York, Wiley, 1999.

Frankl, Viktor E., *El hombre en busca de sentido* (1946), Barcelona, Herder, 1979.

Goodstein, Laurie, «More religion in the world», *The New York Times*, 9 de enero de 2005.

Inglehart, Ronald, *Culture shift in advance industrial society*, Princeton, Princeton University Press, 1990.

Isen, Alice, M., «Positive affect», en *Handbook of Cognition and Emotion*, Nueva York, John Wiley, 1999.

Kahneman, Daniel, *et al.*, «A survey method for characterizing daily life experience», *Science*, n.º 306, 2004, pp. 1.776-1.780.

Lykken, David, *Happiness*, Nueva York, Golden Books, 1999.

Marina, José Antonio, *El laberinto sentimental*, Barcelona, Anagrama, 1996.

Myers, David G., y Diener, Ed, «The pursuit of happiness», *Scientific American*, n.º 5, 1996, pp. 54-56.

Rojas Marcos, Luis: *Nuestra felicidad*, Madrid, Espasa Calpe, 2000.

——, *Somos lo que hablamos*, Barcelona, Grijalbo, 2019.

Schachter, Stanley, *The Psychology of Affiliation: Experimental Studies of the Sources of Gregariousness*, California, Stanford University Press, 1959.

Seligman, Martin E. P., *The Optimistic Child,* Nueva York, Harper Perennial, 1995.

Seligman, Martin E. P., *et al.*, «Group prevention of depression and anxiety symptoms», *Behavior Research and Therapy*, n.º 45, 2007, pp. 1.111-1.126.

SRBI Public Affairs Poll: «What makes us happy?», *Time*, 17 de enero de 2005.

Veenhoven, Ruut, *Conditions of Happiness*, Dordrecht, Róterdam, Springer, 1984.

Watzlawick, Paul, *El arte de amargarse la vida* (1983), Barcelona, Herder, 1990.

——, *The Language of Change*, Nueva York, W. W. Norton, 1978.

Índice alfabético

«Para viajar lejos no hay mejor nave que un libro.»

EMILY DICKINSON

Gracias por tu lectura de este libro.

En **penguinlibros.club** encontrarás las mejores
recomendaciones de lectura.

Únete a nuestra comunidad y viaja con nosotros.

penguinlibros.club